A pena e a espada

Diálogos com Edward W. Said

David Barsamian

A pena e a espada

Diálogos com Edward W. Said

Tradução
Matheus Corrêa

Título original: *The Pen and the Sword*

Fundação Editora da Unesp (FEU)
Praça da Sé, 108
01001-900 – São Paulo – SP
Tel.: (0xx11) 3242-7171
Fax: (0xx11) 3242-7172
www.editoraunesp.com.br
www.livrariaunesp.com.br
feu@editora.unesp.br

CIP – Brasil. Catalogação na fonte
Sindicato Nacional dos Editores de Livros, RJ

S139p

Said, Edward W.
A pena e a espada: diálogos com Edward Said por David Barsamian / Edward W. Said; tradução Matheus Corrêa. – 1. ed. – São Paulo: Editora Unesp, 2013.

Tradução de: The Pen and the Sword
ISBN 978-85-393-0412-7

1. Said, Edward W. – Entrevistas. 2. Literatura moderna – História e crítica. 3. Política e cultura. I. Barsamian, David. II. Título.

13-00810 CDD: 801
CDU: 82.0

Editora afiliada:

Sumário

Prefácio à edição brasileira

Arlene E. Clemesha[1]

Escrever neste momento o "Prefácio" para o público brasileiro de um livro de Edward W. Said está infinitamente mais simples que há apenas uma década. Em setembro de 2003, quando o intelectual de origem palestina faleceu após uma luta de quase doze anos contra a leucemia, foram vários os que tentaram desqualificar o homem e a obra, com afirmações felizmente caducas e que dispensam refutação. Hoje, o legado crítico do antigo professor de Literatura Inglesa e Literatura Comparada na Universidade Columbia coloca-o como um dos intelectuais engajados mais importantes de nosso tempo, seguindo a tradição de Frantz Fanon, Jean-Paul Sartre, Simone de Beauvoir, Noam Chomsky, Huda Shaarawi, entre outros cujas obras procuravam não apenas interpretar, mas mudar a realidade.

Avesso ao dogma e rejeitando os sistemas fechados ou as escolas de pensamento, Said preferia embarcar na via da crítica

---

1 Professora doutora de História Árabe e diretora do Centro de Estudos Árabes, FFLCH-USP.

secular e de certo humanismo que, muito distante do pensamento conservador de preservação do cânone europeu, seria para ele um conceito dialético e uma postura filosófica com capacidade para romper barreiras e inovar. Humanismo este, como Said fazia questão de lembrar, que não se originou na Itália renascentista dos séculos XV e XVI, como muitos acreditavam, mas formou-se a partir de contribuições múltiplas, inclusive aquela das escolas árabes, os madraçais, as mesquitas e as cortes do Iraque, da Sicília, do Egito e da Andaluzia, do século VIII em diante. Locais onde se constituíram as tradições do pensamento legal, teológico e secular,

> a chamada *adabiyya*, da qual os humanistas europeus [...] derivaram muitas de suas ideias, não apenas sobre o conhecimento em si, mas também sobre o ambiente para o conhecimento, onde o questionamento, a oposição e a argumentação estavam na ordem do dia.[2]

Said denunciou sem concessões as várias formas de racismo e estigmatização levadas a cabo em benefício de uma lógica de poder e dominação. Assim como refutou a criminalização do movimento palestino, entre outros movimentos e atores excluídos da história ou considerados fora dos padrões da "civilização ocidental".

Sua origem familiar e trajetória intelectual moldaram o que, em suas memórias, Said descreveria como um modo de ser marginal. Encontrava a si mesmo na mais completa ausência de centro. Na sua autobiografia, diria que nada lhe dava mais prazer que levantar bem cedo após horas de insônia, afastar a semiconsciência de uma noite em vão e retomar aquilo que há pouco poderia ter perdido por completo. Sentia-se, em suas palavras, como um aglomerado de correntezas fluidas: "Prefiro

---

2 Said, Edward W. On the University. *Alif Journal of Comparative Poetics*, n.25, Cairo, 2005, p.27-8.

isso à ideia de um eu sólido, a identidade à qual atribuem tanto significado". Para Said, essas correntezas, como os traços de uma vida, fluem durante as primeiras horas do despertar e, em seu melhor estado, não exigem reconciliação ou harmonização. "Como uma forma de liberdade, ou assim gosto de pensar, mesmo que eu esteja pouco convencido do fato." Semelhante ceticismo foi outro traço que Said soube preservar. "Com tantas dissonâncias em minha vida, aprendi a preferir uma posição não tão certa e fora de lugar."[3]

De fato, o livro que aqui se apresenta deixa transparecer aspectos da pessoa que foi Edward Said e que não encontramos na maioria de seus escritos. Ao longo das cinco entrevistas realizadas por David Barsamian, jornalista independente criador da Rádio Alternativa, Said dá declarações inéditas sobre seu envolvimento e seu desgosto com o Processo de Paz e a liderança da Organização para a Libertação da Palestina (OLP), valiosas explicações sobre suas principais obras, *Orientalismo* e *Cultura e imperialismo*, sobre as generalizações vigentes acerca da cultura árabe, ou o imperialismo visto pelo prisma da literatura de Joseph Conrad, T. S. Eliot, Jane Austen, Albert Camus, V. S. Naipaul, Amos Oz, entre outros.

O período coberto pelas entrevistas coincide praticamente com o momento histórico que vai da Primeira Intifada[4] (1987-1993) aos Acordos de Oslo (1993-1995), quando os palestinos sublevados tiraram seu povo do anonimato, derrubaram o mito de sua não existência (repetido incansavelmente pelas lideranças israelenses, de David Ben-Gurion a Golda Meir) e mostraram ao mundo a justiça de sua causa, bem como a violência da ocupação militar israelense dos territórios da Cisjordânia, da Faixa

3 Said, Edward W. *Out of Place*. Nova York: Vintage, 2000, p.481.

4 O termo árabe *intifada* deriva do verbo *nafada*, que significa sacudir, agitar forte e sucessivamente. Intifada seria assim o sacudir de si mesmo, isto é, o levante coletivo ou a insurreição.

de Gaza e da Jerusalém oriental, desde 1967. Esse período, no entanto, termina com um Acordo de Paz desigual, desvantajoso e fadado ao fracasso, que esvaziaria a resistência popular palestina antes mesmo de lhe assegurar a criação de um Estado.

Como pano de fundo às reflexões avançadas por Said ao longo das entrevistas, vale lembrar que a Intifada iniciada em dezembro de 1987 tinha todas as características de um movimento anticolonial, de reação visceral contra uma relação de dependência e exploração dos recursos da terra e da população vivendo sob a ocupação militar israelense da Cisjordânia e da Faixa de Gaza. Desde a invasão israelense de 1967, a vida nessas regiões consistia numa rotina avassaladora de restrições, expropriação de terras, construção de assentamentos, maus-tratos diários e diversas formas de castigo coletivo. Nem os Estados árabes nem a política da OLP, conduzida desde o exílio, mostraram-se capazes de criar soluções, tanto para o problema da ocupação quanto dos refugiados palestinos precariamente espalhados por campos nos territórios palestinos, ao redor dos países árabes e do mundo. Assim, foi nos campos de refugiados da Faixa de Gaza que eclodiu o desespero reprimido; tais locais abrigavam centenas de milhares de refugiados e seus descendentes, a média de idade era de 26 anos e o desemprego atingia 35% dos homens em idade economicamente ativa (hoje chega próximo a 80%). À insurreição dos campos de refugiados, estopim da Primeira Intifada, juntaram-se as aldeias e, notadamente, as mulheres em um movimento que se caracterizou pelos métodos de resistência não violenta e por uma organização descentralizada em comitês populares, boicotes e greves de trabalhadores. Seus objetivos mais imediatos eram a libertação das aldeias e o desmantelamento das colônias judaicas em território palestino. Os meios de comunicação internacionais, em especial as cadeias de televisão, passaram a transmitir as imagens, como diria Said, da dimensão nacional palestina até então ocultada e de fato suprimida da história da região.

Ou seja, no mesmo momento em que a Primeira Intifada recolocava o povo palestino como protagonista de sua história, fato inusitado desde a grande revolta nacional de 1936-1939, atraindo apoio público internacional em um patamar jamais alcançado pelo movimento de guerrilha da OLP, esta organização ingressava em um processo de negociações com os norte-americanos que levaria à fracassada Conferência de Paz de Madri e, em seguida, aos Acordos de Oslo. A *Declaração de Princípios sobre as Providências para o Autogoverno Interino*, rebatizada de Oslo I e proclamada em 13 de setembro de 1993 num espetáculo midiático promovido e sediado pela Casa Branca, mal podia esconder sua natureza precária. O que se obtinha de fato era um acordo interino que, na terceira cláusula do artigo 5º, relegava para um futuro indeterminado as três questões centrais para a paz: Jerusalém, o destino dos refugiados palestinos e o problema das colônias israelenses nos territórios ocupados. A primeira parte do Acordo consistia em duas cartas de reconhecimento mútuo entre Israel e a OLP. Por um lado, a carta de Arafat afirmava que a assinatura da *Declaração de Princípios* representava uma nova era na história do Oriente Médio, reconhecia o direito de Israel a existir em paz e segurança, aceitava as resoluções 242 e 338 do Conselho de Segurança da ONU, renunciava ao uso da violência e comprometia-se a alterar as passagens da Carta Nacional Palestina que fossem inconsistentes com esses compromissos. Por outro, o documento assinado por Rabin tinha apenas duas linhas afirmando que o governo de Israel havia decidido reconhecer a OLP como representante do povo palestino e que com ela iniciaria negociações no quadro do processo de paz do Oriente Médio. Não escaparia à análise de Said o fato de que em nenhuma parte do texto o Estado de Israel reconhecia o direito à existência de um Estado palestino livre e soberano – seguramente um dos motivos pelos quais recusou o convite para assistir à assinatura do Acordo na Casa Branca.

Os Acordos de Oslo de 1993 e 1995 criaram, com efeito, a Autoridade Palestina (AP), investida de poderes e responsabilidades que não passavam da esfera municipal de atuação, incluindo não um exército de defesa nacional, mas uma polícia encarregada de conter guerrilhas e, assim, garantir a segurança israelense. Edward Said foi o primeiro intelectual a denunciar publicamente as armadilhas da *Declaração de Princípios*, anunciada com euforia ao mundo como a tão esperada via para a paz. Pode-se dizer que os Acordos de Oslo retiraram de Israel as responsabilidades inerentes a qualquer potência ocupante, inscritas no artigo 47 da IV Convenção de Genebra, como garantir as condições de vida do povo vivendo sob ocupação, por meio da manutenção de infraestrutura sanitária, escolas, hospitais e serviços básicos, incluindo a possibilidade de locomoção das pessoas. Os Acordos transferiram essas responsabilidades à recém-criada Autoridade Palestina, sem, no entanto, conceder autonomia e soberania em relação aos mesmos territórios. Mesmo após 1995 e a divisão da Cisjordânia em áreas A, B e C, cada qual com grau maior ou menor de presença do autogoverno palestino, os territórios continuaram essencialmente ocupados e sob o poderio militar israelense. Assim como Said, o saudoso poeta palestino Mahmud Darwich renunciou ao Comitê Executivo da OLP dizendo que o Acordo havia selado o fim da organização e de suas lideranças, o fim de tudo e de todos, ou a descaracterização irremediável da OLP. Para Said, seria a transformação da OLP de um movimento de libertação nacional em uma espécie de governo de aldeia, com o mesmo punhado de figuras no comando.

Os perigos de um futuro e hipotético Estado palestino substituir a opressão israelense pela opressão da casta política palestina, traindo o verdadeiro sentido da libertação a que se almeja, serão abordados de diferentes maneiras ao longo deste livro. Assim como a importância da cultura como meio para a criação de uma visão alternativa, para superar as limitações em que vivemos e que nos impedem de enxergar para além das impossíveis adversidades de poder e *status*, "permitindo sonhar outro sonho e enxergar outra alternativa a tudo isso". Para Said, não era necessário ser imigrante ou expatriado, nem mesmo possuir uma origem tão múltipla quanto a sua, de palestino escolarizado no Cairo com prenome inglês e passaporte americano, para investigar e imaginar para além das barreiras, distanciando-se das autoridades centralizadoras em direção às margens, onde pode-se "enxergar aquilo que geralmente está perdido em mentes que jamais viajaram para além do convencional e do confortável".

O pensamento crítico de Said implicava vislumbrar sempre a alternativa, não o que é aceito. O presente, para ele, não estava congelado. Quando de sua morte, seu fiel amigo e escritor Tariq Ali afirmara que havia se tornado tão acostumado à doença de Said, com suas visitas e estadias regulares no hospital, sua disposição para experimentar novos remédios, a recusa em aceitar a derrota, que começara a achar que ele era indestrutível. Um ano antes, Ali relatou que encontrara por acaso o médico de Said. Este, respondendo às suas perguntas, disse não haver explicação alguma para a sobrevida de Said. "Era seu espírito de lutador indomável, seu desejo de viver, que o havia levado tão longe."[5]

---

5 Ali, Tariq. Remembering Edward Said: 1935-2003, *New Left Review*, n.24, nov.-dez. 2003.

Agradecimentos

Em 1979, eu estava produzindo "Ganges to the Nile" [Do Ganges ao Nilo], um programa semanal sobre música oriental na rádio KGNU, em Boulder [EUA]. *Orientalismo*, de Edward Said, inspirou-me a contextualizá-lo em uma estrutura política, cultural e histórica. Embora eu tenha passado a me dedicar a outros projetos, Said ainda influencia meu trabalho. Foi somente em 1987 que o encontrei, durante uma palestra que ele ministrava no East Side de Nova York. Alguns dias depois, fizemos nossa primeira entrevista. Lembro-me dele me questionando, esperançoso: "você tem boas perguntas para me fazer?". Desde então, tanto as interrogações quanto as respostas continuaram. Algumas das entrevistas nesta coletânea foram transmitidas nacional e internacionalmente na Alternative Radio.[1] Todas foram

1 Programa de rádio, produzido nos Estados Unidos, distribuído a emissoras públicas norte-americanas e internacionais. Disponível em: <http://www.alternativeradio.org>. (N. E.)

gravadas pessoalmente em Nova York, exceto a última, realizada por telefone.

Agradeço a H. Aram Veseer e Zaineb Istrabadi pelo incentivo, pelos conselhos e pelas sugestões, e a Sandy Adler pela transcrição das fitas.

Também fico muito grato a Eqbal Ahmad por redigir a introdução.

Sinto afinidade por Edward Said, oriunda talvez da minha própria história, em que os temas de exílio e expropriação foram tão proeminentes. Minha gratidão a ele combina-se com um grande afeto e respeito.

David Barsamian
Boulder, Colorado (EUA)
Junho de 1994

Introdução à edição de 1994

Eqbal Ahmad[1]

Em princípio, poderíamos nos perguntar: por que este conjunto de entrevistas com um autor tão prolífico e conhecido como Edward Said? A maioria dos seus livros é indicada regularmente em centenas de cursos universitários nos Estados Unidos e na Europa. *Orientalismo* é praticamente um clássico; seus pontos de vista são compreendidos por osmose, sendo citado até por quem não o leu. As opiniões de Said são transmitidas a milhões de pessoas por meio dos seus artigos em veículos populares e em suas frequentes intervenções no rádio e na televisão. Para que serviria, então, este pequeno volume de entrevistas?

Uma das respostas possíveis é que este livro revela, mais do que qualquer obra anterior, a pessoa por trás do nome. A maior parte da produção de Edward Said é acadêmica e analítica.

1 Eqbal Ahmad foi professor de Política no Hampshire College, em Massachusetts. Membro do Institute for Policy Studies, lecionou e publicou inúmeros livros sobre questões do Oriente Médio e do Terceiro Mundo. Coeditou o periódico britânico *Race & Class*.

O espírito está todo lá, mas não o homem. Alguns dos seus escritos, inclusive *Orientalismo, A questão da Palestina* e *Cobrindo o Islã*, também contêm polêmicas, o que nos permite vislumbrar as experiências e os sentimentos que contribuíram para sua formação como crítico de grande originalidade e mentalidade contestadora. Um conjunto menor de narrativas – *After the Last Sky: Palestinian Lives* [Depois do último céu: vidas palestinas]; "The Mind of Winter" [O espírito do inverno], ensaio sobre o exílio na revista *Harper's* (setembro de 1984); um relato marcante, também na *Harper's* (dezembro de 1992), do seu breve retorno à Palestina; e um documentário da BBC, "The Edward Said Story" [A história de Edward Said] – oferecem informações biográficas, mas quase não revelam as ligações entre o escritor e a sua vida. Os questionamentos afetivos de David Barsamian nos ajudam a transpor essa distância. Estas entrevistas são singulares porque expõem as ligações entre o homem e as suas ideias.

Edward Said é uma daquelas raras pessoas cuja vida é palco para a coincidência entre os ideais e a realidade, representando um encontro entre o princípio abstrato e o comportamento individual. Desde a publicação de *Orientalismo*, em 1978, a palavra "corajosa" é muito usada para descrever sua obra. Na vida real, sua coragem era palpável, uma fonte de inspiração e conforto para seus amigos e familiares. Lembro-me de um incidente alguns anos atrás. Três amigos jantavam em Beirute com Faiz Ahmad Faiz, o poeta paquistanês que havia se refugiado da tirania de Mohammed Zia ul-Haq (apoiada pelos EUA) em um Líbano destruído pela guerra. Said estava totalmente concentrado em Faiz enquanto ele recitava um poema, "Lullaby for a Palestinian child" [Acalanto para uma criança palestina]. Naquele momento, começou um violento tiroteio nas redondezas; os garçons correram para dentro e nós fomos os únicos clientes que ficaram no pátio interno. Instintivamente, parei de traduzir o poema do urdu para o inglês e olhei inquisitivamente para Nubar Hovserpian, que conhecia bem Beirute e seus combatentes. "Continue", insistiu Said, como se nada de extraordinário estivesse acontecendo. Continuamos.

"Quando está concentrado, ele não se importa com mais nada", disse-me um dia Mariam Said. Aos poucos, compreendi que essa concentração é obstinada, sendo sua coragem sustentada por uma duradoura noção de determinação intelectual e concepção moral. Houve períodos em que sua vida estava tão seriamente ameaçada por grupos violentos que o FBI o alertava para ter cuidado. Ele foi tão cuidadoso quanto pôde, mas nunca seguiu os conselhos de amigos e especialistas para tirar férias, evitar compromissos públicos ou restringir sua defesa da libertação da Palestina. Mesmo quando essas ameaças coincidiam com a bruta realidade de assassinatos – como os de Issam Sartawi, em Portugal, e de Abu Jihad, em Túnis[2] –, Edward viveu normalmente. Quando Barsamian perguntou-lhe como ele lidava com essas intimidações, Said respondeu:

> Não penso muito no assunto... quando você fica se preocupando com problemas desse tipo, eles atingem o objetivo mais danoso, que é incapacitá-lo [...] É mais difícil para as outras pessoas do que para você... acho que o principal é simplesmente seguir em frente e se lembrar de que suas ações e palavras significam muito mais do que a sua segurança ou a falta dela.

As ameaças não pararam depois que a Organização para a Libertação da Palestina (OLP) aceitou participar das negociações em Madri, nem depois que Yasser Arafat assinou um acordo com Israel. Apenas a origem das ameaças mudou. O mundo árabe vive um período imoral, no qual os interesses estrangeiros

2 Abu Jihad (Khalil al-Wazi, nome de nascimento), considerado o "número dois" da Organização para a Liberdade da Palestina, foi morto em uma operação comandada pelo serviço secreto israelense em 1988. Issam Sartawi, integrante da mesma organização, foi assassinado em 1983 durante atividades da Internacional Socialista, em Portugal. (N. E.)

crescentes coincidem com o colapso da vontade soberana e com a corrupção interna. Em um ambiente de capitulação generalizada, os patriotas são considerados perigosos pelos governos que utilizam a coerção em vez do consentimento. "Estou em meia dúzia de listas de morte no Oriente Médio", disse Said a Barsamian. Enquanto isso, outro inimigo o espreita, e ele o enfrenta sem perder um instante da vida. "Mas muitas pessoas estão preocupadas com a sua saúde e me perguntam de você. O que diria a elas?", David Barsamian questiona no fim destas conversas. "É uma espera indeterminada", ele responde. "Tenho leucemia, uma doença crônica. Há momentos ruins... tento não pensar muito no futuro... tenho muito a dizer e a escrever, e quero continuar a fazer isso."

"Sensacional!", exclamou minha mulher quando Edward voltou ao trabalho e às longas viagens com entusiasmo, dias depois de a leucemia ter sido diagnosticada. Ele revisou as provas de *Cultura e imperialismo*. Quando o livro foi publicado, viajou amplamente para divulgá-lo nos Estados Unidos e na Europa, surpreendendo os editores com sua enorme energia, capacidade de concentração, inteligência e humor. O documentário da BBC a seu respeito também estava sendo filmado na época. Encontramo-nos em Londres para gravar um segmento dele; durante os três dias em que lá estivemos, sofri com o *jet lag* enquanto Said seguia normalmente sua agenda com dezoito horas de compromissos diários. Logo depois, ele preparou as Reith Lectures para a BBC enquanto lecionava, palestrava, ia à ópera com frequência e festejava com a família e os amigos.

Por todo esse tempo, Edward esteve envolvido em uma luta árdua para impedir a rendição de Yasser Arafat. Ela começou em outubro de 1991, quando o líder da OLP entrou na Conferência de Madri com condições ditadas por Israel e apoiadas pelos EUA, condições essas humilhantes e prejudiciais aos interesses palestinos. Com isso, em Madri, a OLP abdicou de sua pretensão de representar o povo palestino e do direito dos habitantes da

Jerusalém ocupada de ser representados; além disso, a organização concordou com a exclusão de dois milhões e meio de palestinos em exílio. Edward foi um dos poucos intelectuais árabes que compreendeu que Arafat havia entrado não em um processo de paz, mas de capitulação. Ele advertiu os líderes da OLP – inclusive Arafat – semanalmente, às vezes diariamente, de que haviam embarcado num caminho derrotista.

Em uma manhã de janeiro de 1993, tomávamos café em seu apartamento de Riverside, em Nova York, quando o telefone tocou. A intensa conversa em árabe durou cerca de quarenta minutos. Edward voltou exasperado, com gotas de suor na testa, e disse: "Eles vão acabar vigiando a maior prisão do mundo: Gaza". No outono, pensei nesse incidente em Islamabad enquanto assistia àquela tristíssima cerimônia na televisão e me arrepiei, como Edward também parece ter se arrepiado, com os muitos "obrigados" de Arafat a Clinton. "Por que agradecer aos Estados Unidos?", ele indagou, recordando-se da brutalidade e da violência acerca daquele acordo histórico.

Said havia sido um dos primeiros defensores da paz com Israel. Se Yasser Arafat tivesse levado em conta a proposta que ele apresentara em Beirute no outono de 1978 e, novamente, em março de 1979 – ele revela os detalhes aqui pela primeira vez –, um acordo razoável entre palestinos e israelenses poderia ter sido possível. Said considera o acordo entre a OLP e Israel uma "capitulação" de Arafat e oferece razões para justificar essa ponderação. Devo deixar os outros e a história fazerem juízo disso. Aqui eu observo apenas os aspectos da sua objeção relacionados à sua formação intelectual. Entre eles estão sua preocupação com a memória, com a narrativa dos oprimidos e com o compromisso de nunca deixar um mito ou ponto de vista dominante prevalecer sem nenhum contraponto. Igualmente importante para seu trabalho são sua profunda noção de perda pessoal e coletiva e sua busca de alternativas positivas e universais às ideologias, estruturas e alegações sectárias. Em toda sua obra, esses temas são costurados com fios que conectam o conhecimento e o poder, além de estabelecer ligações entre a cultura e o imperialismo. Ele sempre estabelece essas relações apresentando alternativas mais interessantes e humanas – um contraponto, uma cultura de resistência, a promessa de uma libertação não sectária e laica.

As negociações entre a OLP e Israel começaram no outono de 1992 em Boston, antes de encontrarem um patrocinador neutro em Oslo. Israel tem um histórico de agravar a violência durante negociações e cessar-fogos. Assim, o período entre outubro de 1992 e setembro de 1993 esteve entre as "piores fases de opressão na Cisjordânia". Muitas pessoas morreram, a maioria jovens menores de 18 anos. Quatrocentos e cinquenta palestinos foram expulsos de casa, em violação aberta do direito internacional, e abandonados no rigoroso frio do inverno na fronteira com o Líbano. Os moradores de territórios ocupados passaram a maior parte desse tempo sob toque de recolher, isolados do mundo exterior e até mesmo umas das outras, já que os invasores controlavam as estradas e impunham os toques de recolher. Israel invadiu o Líbano novamente, desta vez com o objetivo expresso de criar centenas de milhares de refugiados. Nenhum desses fatos lúgubres mereceu menção na cerimônia no Jardim das Rosas da Casa Branca. Em vez disso, o imperialismo e os mitos motivados pelo poder foram destaque, sem sequer um indício de resistência. A narrativa dos palestinos foi sobrepujada pelas alegações israelenses, desta vez com a cumplicidade do representante declarado da Palestina.

Said foi convidado à Casa Branca, não foi e assistiu ao "vulgar" acontecimento na televisão: Clinton foi

> como um imperador romano, trazendo dois reis vassalos à sua corte e fazendo que apertassem as mãos na frente dele. Depois, houve um verdadeiro desfile de moda com as estrelas... e o mais lamentável de tudo foram os discursos, nos quais o primeiro-ministro israelense,

> Yitzhak Rabin, fez o discurso palestino, cheio de angústia, com uma ansiedade e incerteza dignas de Hamlet, mencionando perda, sacrifício e assim por diante... o discurso de Arafat foi, na verdade, escrito por empresários e consistia em um discurso de negócios, à moda de um contrato de aluguel.

Parecia obsceno que, logo quando a África do Sul estava se libertando, houvesse todo esse sensacionalismo sobre a criação de um bantustão na Palestina; mas a dor de Said era obviamente diferente e mais profunda.

Um acordo malfeito já é ruim o bastante. Os palestinos batalharam e, de alguma forma, sobreviveram a muitos desastres. Eles podem sobreviver a esse também. Mas o fracasso de Arafat em produzir um contraponto para a narrativa de Rabin, deixando de dar o testemunho da extraordinária dor de seu povo, tocou em um ponto profundo da constituição emocional e intelectual de Said. Na "economia política geral de memórias e lembranças presente na cultura pública no Ocidente, não há espaço para a experiência de perda palestina", ele diz a Barsamian ao se recordar de sua marcante visita a Israel em 1992, pela primeira vez desde que seu povo fora expulso. Às vezes, as lembranças são demais para ele; ele não aguentou entrar em sua casa em Jerusalém, agora ocupada por sionistas cristãos, e – do lado de fora – simplesmente indicou aos filhos o quarto em que nasceu.

Alguém com uma sensação de perda tão profunda deveria ser amargurado, como muitos palestinos de fato são. Said não é, talvez devido ao seu compromisso constante de procurar alternativas. Sua missão levou-o a buscar uma reconciliação com Israel. Depois da guerra de 1967, ele foi um dos primeiros palestinos a argumentar que a recusa árabe de "reconhecer a existência de Israel" era uma postura estéril. Ele sempre se referia a Israel como Israel, considerando uma tolice o termo ritual de "entidade sionista". Os judeus estão lá para ficar e os palestinos estão lá para ficar, ele disse inúmeras vezes, e a violência, as deportações, as expulsões e as pretensões não mudarão em nada essa realidade. Ele acreditava que a única alternativa à guerra e à violência permanentes era a política – projetar uma visão da Palestina que atraísse tanto árabes quanto judeus e buscá-la com certa "disciplina de detalhe". Ano após ano, desde 1970, ouvi Said argumentar com os líderes da OLP que a política deve ser o principal instrumento de libertação, fluindo de um trabalho constante na sociedade civil tanto em casa quanto no exterior; que o conflito um dia terá de ser solucionado na mesa de negociações; e que, à OLP, lamentavelmente faltavam análises políticas e perícia diplomática. Ouviram-no respeitosamente. Nada mais.

Seguindo essa crença, Edward foi o primeiro intelectual palestino que conheço a se encontrar com sionistas israelenses e norte-americanos. Entre eles estava Simha Flapan, o líder do Mapam[3] que depois escreveu com grande coragem e erudição sobre a experiência palestina em relação ao sionismo. Também entre eles estavam líderes judeus norte-americanos conhecidos, alguns dos quais se tornaram, mais tarde, defensores do Peace Now. Praticamente não existem ativistas pacifistas israelenses que não tenham se encontrado com Edward Said. Ele também foi o primeiro intelectual árabe proeminente a criticar de maneira aberta o terrorismo palestino, julgando-o uma estratégia de libertação equivocada e contraproducente. Às vezes ele se sentia sozinho, do mesmo modo que se sente agora, e então descobria que havia pessoas do seu lado.

A retórica dos líderes sionistas durante as décadas de 1970 e 1980 dava preferência a negociações diretas entre israelenses e palestinos, à paz com base na igualdade e ao fim da ocupação em troca do reconhecimento árabe de que Israel tinha o direito

3 Sigla do Partido dos Trabalhadores Unidos, de inspiração marxista-sionista, que deu origem ao Meretz. (N. E.)

de existir. Suas políticas declaradas não eram significativamente diferentes daquelas defendidas por Said. Então por que ele se tornou a *bête noire* do *establishment* sionista? Uma das respostas a essa pergunta é irônica: seu pacifismo e sua avaliação precisa do sionismo eram vistos como sérias ameaças pelo *establishment* sionista. Mas o que mais os incomodava era o seu modo determinado de contar a história palestina, suas intervenções constantes com um "contraponto", sua busca de alternativas ao nacionalismo sectário.

Todos os movimentos nacionalistas dão origem a mitos sobre si próprios. O sionismo se distingue também por criar um grande conjunto de mitos sobre a Palestina e os palestinos: a Palestina era uma terra sem povo para um povo sem terra – um deserto que floresceu com o trabalho dos pioneiros sionistas; uma terra estéril habitada de forma esparsa por beduínos – uma satrapia otomana retrógrada que esperava as mãos transformadoras de imigrantes europeus; uma terra judaica de "tempos imemoráveis", e assim por diante. Já em relação aos palestinos, eles não existiam: os árabes fugiram da Palestina em 1948 porque a Rádio Cairo pediu-lhes que partissem; os chamados palestinos vieram da Síria para a Palestina, atraídos pelo milagre econômico das imigrações judaicas etc. São centenas de mitos.

Edward Said era singular entre os estudiosos árabes por compreender que esses mitos são produto de uma necessidade maior do que a propaganda. Ele entendia sua importância central na epistemologia do sionismo. Os palestinos têm o azar de ser oprimidos por um adversário raro, um povo que sofreu perseguições de maneira prolongada e profunda. "A nossa posição é singular porque somos as vítimas das vítimas", ele disse a Barsamian. Os perseguidores dos judeus europeus haviam sempre sido motivados por ideias e sentimentos sectários. Contudo, esse povo destituiu outro sob a bandeira de uma ideologia excludente, que procurou construir sistematicamente uma pátria judaica onde há milênios havia uma pátria palestina.

Aí se encontra a contradição mais fundamental da comunidade judaica ocidental em relação ao sionismo, a Israel e aos palestinos. Culpar as vítimas, desvalorizar sua humanidade, demonizá-las era a solução mais fácil para essa contradição.

Com seu interesse e seus *insights* sobre a aplicação estratégica e os usos da cultura, Said entendia que todos esses mitos eram parte da epistemologia do sionismo, um mecanismo para a legitimação do Estado judaico e também da desumanidade do movimento sionista em relação a um povo irmão. Edward Said era dado a "responder", um hábito desconcertante para os que preferiam não encarar a verdade. Ele "respondeu" ao sionismo e a seus defensores a partir do momento em que sua consciência focou a questão Palestina. Seu primeiro ensaio sobre o assunto, "Portrait of an Arab" [Retrato de um árabe] (reimpresso em *The Arab-Israeli Conflict of June 1967: An Arab Perspective*), foi publicado logo depois da guerra de 1967. Com paixão e acuidade textual, ele expôs a malícia e o racismo com que a mídia havia caracterizado os árabes durante e após a guerra. De maneira brilhante, traçou ligações entre o preconceito antiárabe tão prevalente no Ocidente e o antissemitismo, que, ironicamente, os próprios judeus agora mobilizavam avidamente contra os árabes. Lembro-me dele caracterizando o palestino como uma sombra do judeu, uma sombra que não desaparecerá exceto em um abraço humano. Depois disso, ele continuou a "responder", e essas respostas estão entre os seus mais brilhantes trabalhos do ponto de vista literário e político. Devo mencionar principalmente "O sionismo do ponto de vista de suas vítimas" (em *A questão da Palestina*), "Exodus: a Canaanite Reading" [Êxodo: uma leitura canaanita] (em *Blaming the Victims* [Culpando as vítimas]) e *After the Last Sky* [Depois do último céu]. Devo observar que, depois que Said começou a depositar a experiência de perda palestina no que ele chama de "banco de memória do mundo", um grupo de historiadores revisionistas israelenses surgiu para expor mais mitos, e a verdade vem cada vez mais à luz.

Qualquer judeu que leia os textos de Edward Said sobre o sionismo e a Palestina sentirá uma de duas emoções – remorso ou fúria. Tragicamente, o número de furiosos ultrapassa o de arrependidos. Ele informa Barsamian que quando escreveu na *Harper's* sobre sua visita a Israel, aos "locais de catástrofe pessoal para mim", tanto a revista quanto o autor receberam muitas "cartas furiosas e lamentáveis... Uma pessoa que alegava ser psiquiatra, por exemplo, prescreveu-me um hospital psiquiátrico... Outras me acusaram de mentir... Acho isso muito desanimador". Essa postura de intolerância militante não está limitada a autores de cartas obscuros. A determinação de negar aos palestinos uma voz e o direito de expressar-se é generalizada. Cada um de nós pode contar uma história de exclusão. Said lembra-se de como Joseph Papp, o produtor e diretor nova-iorquino amplamente conhecido pelo seu compromisso com as causas liberais, cancelou uma apresentação do Hakawati, um grupo de teatro da Cisjordânia. Desanimador mesmo!

Mas sempre que ele encontra remorso, um reconhecimento da injustiça cometida, Said se emociona; suas esperanças na reconciliação se renovam. Ele relembra nestas entrevistas dois desses casos: um encontro com um taxista israelense anônimo e outro com Matti Peled, general reformado e herói de guerra israelense. Quando Peled visitou Nova York, Said convidou-o para almoçar. Enquanto Peled descrevia sua vida agitada de ativista pacifista, Said perguntou: "Matti, por que você faz isso?". Peled respondeu: "Em uma palavra, remorso. Eu sinto remorso". Said disse que "isso teve um efeito tão grande sobre mim que só de pensar no assunto fico emocionado... Foi algo que me encheu de admiração e consideração por ele". O taxista, que deve ter reconhecido Edward, comentou: "Eu sou israelense". "Bom. Eu sou palestino", respondeu Edward. "Eu não servi", complementou o motorista. Quando ele desceu e o táxi arrancou, Said se entristeceu: "Percebi que, em certo sentido, foi um momento perdido para o futuro".

Não exatamente, pois Said se certificou de que nenhum dos dois encontros fosse esquecido. Quando dois homens, separadamente, quebraram as barreiras da negação e do silêncio, ligaram-se ao terceiro indivíduo e criaram, como Said argumenta em outra entrevista, uma alternativa genuína, uma paridade entre duas pessoas e, portanto, a possibilidade de o opressor e de o oprimido "pertencerem à mesma história". É assim que a memória, o remorso e a redenção estão ligados. O recente acordo entre palestinos e israelenses nega essa dialética e submete os palestinos a um estado permanente de desigualdade e dominação.

Uma constante na produção de Said é sua oposição a ideologias, atitudes ou práticas sectárias. A motivação da sua obra crítica é sua aversão aos valores racistas, excludentes e separatistas. Essa foi uma das principais bases da sua crítica em *Orientalismo*. Ela continuou sendo um tema constante em *Cultura e imperialismo*. Esse afastamento do ponto de vista sectário molda sua dura reprovação aos Estados árabes contemporâneos e à sua forma de nacionalismo, assim como sua ansiedade sobre o que está ocorrendo na política palestina. Durante as décadas em o conheci, ele permaneceu profundamente comprometido com a libertação palestina sem nunca perder de vista as "limitações do nacionalismo... uma visão egocêntrica do mundo que contamina todos nós". Nestas entrevistas, ele retorna a esse tema repetidas vezes. Lemos, por exemplo, que

> quando a consciência nacional torna-se um fim em si mesma, quando uma particularidade étnica ou racial ou a essência nacional, em grande medida inventada, vira a meta de uma civilização, cultura ou partido político, você sabe que esse é o fim da comunidade humana.

Sua dedicação ao universalismo na política, na cultura e na estética serve para Said como contraponto às opções sectárias. Trata-se, ele disse uma vez, da forma como se entra na história: de braços abertos ou com o punho fechado. As raízes de suas crenças universalistas estão, acredito, na civilização árabe; em sua infância em Jerusalém e no Cairo; na tradição ocidental do Iluminismo; e na experiência palestina. Na história árabe, seu interesse tem se concentrado em grande parte na cultura. Isso necessariamente acarreta atenção especial a esses períodos – por exemplo, do século VIII ao XI no Islã, do XIII ao XV na África do Norte e na Espanha, do XIX à grande parte do XX no Crescente Fértil e no Egito – quando o meio intelectual e estético era particularmente vivo, ecumênico e universalista. Said descreve o mundo em que cresceu assim:

> Todas as escolas que frequentei quando garoto eram cheias de gente de raças diferentes. Era completamente natural para mim frequentar uma escola com armênios, muçulmanos, italianos, judeus e gregos, porque aquele era o Levante e essa foi a maneira como cresci. O divisionismo e o etnocentrismo que encontramos agora são um fenômeno relativamente recente que me é completamente estranho. E eu o odeio.

Sua crítica da ideologia, das estruturas e das práticas excludentes de Israel irrita os defensores do país, mas é coerente com seu ponto de vista. A Lei do Retorno concede a um judeu russo, francês ou nigeriano o direito automático de se estabelecer na Palestina, ao passo que Edward Said é destituído do seu direito natural de pertencer ao lugar onde nasceu e onde seus antepassados viveram por séculos até a criação de Israel. Aos habitantes árabes de Israel são negados direitos de cidadania dos quais desfrutam seus compatriotas judeus. Said certa vez escreveu que até o sistema de *kibutz*, uma instituição socialista, é uma forma de *apartheid*. A luta pela Palestina só tem significado para ele nesse contexto. A "essência do nosso conflito", ele conta a Barsamian, está na noção de que a "Palestina pertence, como Israel, apenas ao povo judeu, e não a todos os outros que por acaso estão lá".

O ponto de vista de Said é muito influenciado pela experiência palestina. É pelo sofrimento, pela experiência de espoliação, que ele alcança a consciência universal, o que o liga a Nelson Mandela em Joanesburgo ou C. L. R. James em Londres. Nisso há um paralelo entre sua vida e seus ideais e a vida e os ideais de muitos judeus europeus e norte-americanos. O humanismo judaico inspirou-se na estética e no misticismo judaico e nas ideias do Iluminismo. Mas também foi definido por uma história de sofrimento e perseguição. A atração judaica por valores e ideologias universais, liberais e socialistas surgiu em função, ao menos em parte, da sua reação contra inimigos sectários. A menos que Israel mude, assim como a África do Sul mudou, pode ser que os livros de história no futuro considerem uma tragédia o fato de que um povo assim formado tenha se envolvido com uma ideologia baseada na diferença e na discriminação. Said teme que seu povo também escolha um caminho semelhante.

Joseph Conrad inevitavelmente aparece nestas entrevistas, assim como Jane Austen, T. S. Eliot e Albert Camus. Sempre me pergunto sobre o apego de Edward a Conrad. Seu primeiro livro foi sobre ele, e há inúmeras referências a Conrad em praticamente todas as suas obras. Conrad foi um exilado como Said, que cruzou as fronteiras da cultura e dominou a língua do outro, assim como Said o fez. Isso ele não diz. Mas menciona uma dívida intelectual com Conrad, dizendo a Barsamian que o escritor foi "uma das testemunhas mais extraordinárias... do papel da cultura no imperialismo", da preponderância das ideias – de colaboração, sacrifício, superioridade racial e redenção – na criação e na manutenção de um império. Mais do que qualquer romancista, Conrad compreendia "como o império contaminava não só as pessoas que eram subjugadas por ele como também as que o serviam". Conrad compreendia o imperialismo, sua força interior e o seu lado obscuro. Ele tinha a "consciência do estrangeiro de que a Europa estava condenada a repetir esse ciclo de aventura forânea, corrupção e declínio". Mas via isso como algo inevitável.

Sobrou para o escritor africano, caribenho e asiático imaginar a alternativa e começar a responder. Edward Said tem lugar de destaque entre aqueles que promoverão essa busca além do nacionalismo e do Estado pós-colonial, cruzando fronteiras para interpretar o mundo e o texto "com base no contraponto", como ele diria, "muitas vozes produzindo uma história".

Islamabad, Paquistão
Junho de 1994

Introdução à edição de 2010
Edward W. Said: o pária consciente[1]

Nubar Hovsepian[2]

Em 1994, Eqbal Ahmad escreveu a introdução à primeira edição deste livro. Ele faleceu em 11 de maio de 1999. A família e os amigos de Eqbal celebraram sua vida em um funeral em Nova York. Dois de seus caros amigos e cúmplices pela justiça, Edward W. Said e Ibrahim Abu-Lughod, falaram eloquentemente sobre o legado de Eqbal. Dois anos mais tarde, Ibrahim faleceu em Ramallah, na Palestina. Edward sentiu-se muito só; ele tinha saudade dos seus queridos companheiros. Edward dedicou seu livro *Orientalismo* a "Janet e Ibrahim", ao passo que

1 Sou grato a Gabriel Piterberg pelo título deste texto. Em seu novo livro, *The Returns of Zionism* (Nova York: Verso, 2008), a dedicatória é: "Em memória de Edward W. Said (1935-2003), o pária consciente por excelência".

2 Nubar Hovsepian é professor-assistente de Ciência Política e Estudos Internacionais na Chapman University. Autor de *Palestinian State Formation: Education and the Construction of National Identity* [Formação do Estado palestino: educação e construção da identidade nacional] (2008), foi conselheiro de Assuntos Políticos nas Nações Unidas (1982-84), tendo trabalhado como editor, jornalista e especialista em desenvolvimento.

Cultura e imperialismo foi dedicado a Eqbal. A morte separou-o dos seus amigos, mas mesmo antes da morte Eqbal e Ibrahim haviam emigrado para "casa": o primeiro para o Paquistão e o segundo para a Palestina, enquanto Edward continuou no exílio.

Edward escreveu discursos tocantes em homenagem aos amigos, reconhecendo o papel que exerceram em sua educação política. Ele descreve a vida de Eqbal como

> épica e poética, cheia de viagens, travessias de fronteiras e uma atração quase instintiva pelos movimentos de libertação, movimentos de oprimidos e perseguidos... vivessem eles em grandes metrópoles da Europa e dos Estados Unidos ou em campos de refugiados, cidades sitiadas e vilas bombardeadas ou desfavorecidas na Bósnia, na Chechênia, no sul do Líbano, no Vietnã, no Iraque, no Irã e, obviamente, no subcontinente indiano. [Eqbal] conseguiu, sem ostentação, preservar sua tradição mulçumana original sem sucumbir a um exclusivismo gélido ou à inveja que frequentemente o acompanha. A humanidade e o secularismo genuíno, neste nosso velho século ensopado de sangue, não tiveram melhor defensor do que ele.[3]

Em um ensaio chamado "My Guru" [Meu guru], Edward recorda-se do seu falecido amigo Ibrahim. Ele o conheceu em 1954, e foi Ibrahim que o apresentou a Eqbal em 1970, "o outro companheiro de batalha cuja morte prematura deixou-me tão apequenado".[4] Edward reconhece Ibrahim como a pessoa que o apresentou ao tema e à experiência da Palestina. Também foi Ibrahim quem, em 1974, o apresentou a Shafiq al-Hout, membro da delegação da OLP na Assembleia Geral das Nações Unidas, e ao poeta palestino Mahmoud Darwish, induzindo-o assim a se identificar publicamente com a OLP e a questão

3 Said, E. A true struggle, a good man, *Al-Ahram Weekly*, 9 maio 1999.
4 Id., My guru, *The London Review of Books*, 13 dez. 2001.

Palestina. Ibrahim morava em Beirute durante a invasão israelense do Líbano em 1982. Edward observa que "Beirute, para Ibrahim, talvez tenha sido uma experiência mais importante do que qualquer outra, anterior ou posterior". Essa experiência ensinou-lhe que

> podemos sempre seguir em frente, mesmo que o fracasso seja iminente. Esse era o verdadeiro Ibrahim: o homem que compreendia que a única opção era seguir adiante, mantendo-se otimista e fiel aos seus companheiros (e tirando proveito do senso de humor, não importando quão macabro fosse).[5]

Edward observa que, em seus últimos anos, tanto Eqbal quanto Ibrahim retornaram aos países de origem. E acrescenta rapidamente: "Mas eles não voltaram de verdade para casa". Aqui repetia uma das mensagens centrais das suas memórias, *Fora do lugar*.[6]

Num intervalo de dois anos, Eqbal e Ibrahim morreram. Então Edward faleceu, dois anos depois, em 25 de setembro de 2003. Em seis anos, perdemos três seres humanos raros, que juntos representam um ideal do que os intelectuais públicos devem ser. Nenhum deles pertence apenas ao passado. Como Edward disse, "esses homens representavam a energia, a mobilidade e o risco".

Edward foi homenageado por amigos, familiares, antigos alunos, admiradores e até alguns inimigos. Seu funeral foi uma cerimônia quase majestosa. Ela lotou os bancos da Igreja de Riverside em Nova York, cidade que era sua casa longe de casa. Um dos momentos mais tocantes da cerimônia foi a homenagem musical apresentada por seu amigo e colaborador na fundação da West-Eastern Divan Orchestra, Daniel Barenboim.

---

5 Ibid.

6 Id., *Out of Place: A Memoir*.

Ele tocou o "Prelúdio em mi bemol" de J. S. Bach, do Livro I de *O cravo bem temperado*, com lágrimas correndo, mas em silêncio. Essa talvez tenha sido a primeira vez que uma apresentação de Barenboim tenha sido recebida com silêncio em vez de aplausos.

Após a morte de Edward, a situação da Palestina foi de mal a pior. O movimento palestino implodiu, e Israel continua a infligir sua fúria, conforme evidenciado pela guerra em Gaza, além de expropriar as terras, os recursos, a dignidade palestina. Essa situação pode levar ao desespero. Mas Edward sugere um caminho alternativo, que serve de conclusão para "My Guru": "Na história da Palestina que se desenrola, Ibrahim, creio eu, continuará sendo um modelo do que significa se dedicar a uma ideia – não como algo para reverenciar, mas para viver, para reexaminar constantemente". Ele pede que não copiemos o que Ibrahim e os outros companheiros de batalha fizeram, mas que vivamos a experiência deles de maneira nova, para permitir a reflexão e a revisão crítica no presente e no futuro.

Edward apresentou-me a David Barsamian sabendo que poderíamos cultivar uma afinidade, dada nossa qualidade de armênios não armênios. Edward estava certo. Ao longo de cinco entrevistas, realizadas entre 1987 e 1994, Barsamian exibe seu amplo conhecimento e o envolvimento com o trabalho de Edward. Estabelece diálogos com Said que relacionam e costuram suas ideias sobre cultura, imperialismo, orientalismo, exílio e Palestina. As perguntas de Barsamian demonstram sua sofisticação intelectual, que por sua vez permite que Said relacione seu humanismo com seu engajamento político.

Edward há muito é reconhecido como um dos principais críticos culturais do mundo. Michael Sprinker, que editou um dos primeiros livros sobre Said,[7] observou que ele "encarna o ideal do intelectual cosmopolita que continua a ser fundamental

---

7 Sprinker, M. (ed.). *Said: A Critical Reader*. Cambridge: Blackwell, 1992.

para a autoimagem das ciências humanas hoje".[8] Said contribuiu em debates centrais em um vasto número de disciplinas das ciências sociais – entre elas História, Sociologia, Antropologia e estudos regionais – particularmente Oriente Médio. O *Orientalismo*[9] de Said e suas obras subsequentes criaram novos campos de estudo, entre eles os estudos pós-coloniais. Com cada livro (cerca de trinta no total, muitos deles traduzidos para mais de trinta e cinco idiomas) e suas constantes intervenções no papel de intelectual público, Edward continuou comprometido com um humanismo libertador. Em sua dupla função como prolífico acadêmico/intelectual e intelectual público, Edward insistiu que limites e barreiras devem ser transgredidos. Ele acreditava que os intelectuais na sociedade moderna deviam dizer a "verdade ao poder". Assim como Julien Benda, Edward acreditava que o intelectual devia insistir na verdade e na justiça, expressando não modas passageiras, mas ideias e valores reais, que não podem ser articulados dentro de uma posição de poder.[10]

Edward foi um homem multifacetado e complexo, um dos primeiros pensadores modernos – junto com Noam Chomsky, Raymond Williams e Michel Foucault – a questionar o projeto modernista de forma crítica. Também foi capaz de identificar os sucessos espetaculares do modernismo e seus fracassos retumbantes. Foi justamente isso que ele procurou realizar por meio de sua obra literária e da crítica cultural. Seria impreciso afirmar que Edward defendeu o islã ou os árabes; mais correto seria dizer que ele atacou as noções reificadas de Oriente e Ocidente. Seu interesse primário era delinear as fontes de conhecimento ocidentais sobre as sociedades não ocidentais. Como um espelho, *Orientalismo* reflete o poder ocidental e seu

8 Ibid., p.1.

9 Id., *Orientalism*. Nova York: Pantheon, 1978. O texto continua a ser usado amplamente não só na Teoria Literária, mas na Antropologia, Sociologia, História, Política e estudos sobre a mulher.

10 Ver Benda, J. *La Trahison des clercs*. Paris: Bernard Grasset, 1927.

apetite imperialista. Para resgatar a produção de conhecimento das amarras coloniais e imperialistas, Edward usou uma crítica humanística "centrada no arbítrio da individualidade humana e na intuição subjetiva, não em ideias apreendidas e autoridades consagradas". Para Edward, a verdadeira tarefa do intelectual "é promover a liberdade e o conhecimento humano".[11]

Na celebração do 25º aniversário da publicação de *Orientalismo*, Gyan Prakash chamou Bernard Lewis, seu colega de Princeton, de "intelectual entranhado", que serve o poder. Em contraste, Edward era o clássico intelectual oposicionista. O conceito de intelectual de Edward ecoa e expande a ideia de Antonio Gramsci de "intelectual orgânico". Ele ou ela deve manter amplos interesses morais, especialmente em defesa dos destituídos e oprimidos. Edward insistia que o intelectual nunca deve evitar as críticas por causa da lealdade à nação. Em *Representations of the Intellectual* [Representações do intelectual], ele implora aos intelectuais nativos que resistam à tentação de

> narcotizar o sentido crítico ou reduzir seus imperativos, que consistem em sempre ir além da sobrevivência e abordar questões de libertação política, criticar os líderes e apresentar alternativas que são frequentemente marginalizadas ou consideradas irrelevantes para a batalha principal.[12]

Ele exorta o intelectual moderno a resistir à sedução do poder e da especialização. O intelectual independente deve universalizar e dar um escopo maior à crise que assola qualquer nação a qualquer momento associando essa experiência com "o sofrimento dos outros".[13] São precisamente essas preocupações

---

11 Said, E. *Representations of the Intellectual*. Nova York: Pantheon, 1994, p.17.
12 Ibid., p.41.
13 Ibid., p.44.

morais que Said invoca para investigar questões relativas à Palestina e ao Oriente Médio.

A questão da Palestina deve ser lido como um ensaio sobre a reconciliação. Ele não negava as reivindicações judaicas à Palestina; em vez disso, ele dizia que "suas reivindicações sempre implicam a expropriação palestina". Como continuou sendo um palestino orgulhoso e contumaz, sionistas e neoconservadores fervorosos lançaram ataques pueris e vingativos contra ele. Seus ataques não ofereceram sequer um indício de um modelo de coexistência inclusivo e humanista. Em nítido contraste, a amizade e a colaboração musical de Edward com Daniel Barenboim na fundação da West-Eastern Divan Orchestra é um modelo de esperança baseado na construção de uma comunidade que atravessa fronteiras culturais. Ele expressou essa visão inclusiva muitas vezes. Em 1983, escreveu um memorando ao Congresso Nacional Palestino que dizia que o mundo deveria perceber que "a ideia palestina é uma ideia de coexistência, de respeito aos outros, de reconhecimento mútuo entre palestinos e israelenses".[14]

É importante observar que *A questão da Palestina* nunca foi publicado em árabe.[15] Nacionalistas árabes e alguns radicais palestinos acusaram Said de jogar fora os direitos palestinos ao fazer "concessões injustificadas ao sionismo". De acordo com eles, o principal erro de Said está em definir o conflito como um conflito "entre dois povos" em vez de como luta de classes contra o sionismo e o imperialismo. A Frente Popular para a Libertação da Palestina (FPLP) disse que os erros de Said ocorreram em função da sua "abordagem humanística burguesa", que

---

14 Discurso de Edward W. Said anteriormente não publicado, usado com permissão de Mariam Said e da Wylie Agency.

15 Uma editora solicitou mais de oitenta mudanças. Carta não publicada anteriormente, usada com permissão.

o tornava receoso em relação à "luta armada", favorecendo, em vez dela, uma solução política.[16]

Mas foi precisamente a ideia de reconhecimento mútuo entre dois povos que levou Edward a defender uma solução de dois Estados, isso já em 1980, apesar das críticas do círculo de Yasser Arafat, entre outros. Contudo, em 1988 o Conselho Nacional Palestino adotou a fórmula de dois Estados. Edward estava na vanguarda, embora suas posições não tenham permanecido estáticas.

Após a invasão israelense do Líbano de 1982 e de suas devastadoras consequências humanas, Edward juntou-se ao fotógrafo e documentarista suíço Jean Mohr para produzir *After the Last Sky: Palestinian Lives*, um comovente retrato desse povo.[17] Dois anos mais tarde, ele escreveu um artigo chamado "Permission to Narrate" [Permissão para narrar].[18] Said queria resgatar os palestinos da condição de meros objetos de representações desdenhosas. Em vez disso, deu a seu povo e a sua cultura voz ativa.

Depois da Primeira Intifada e das preliminares da primeira Guerra do Golfo, em 1991, Edward temia que os direitos palestinos fossem suprimidos. Em relação a isso, em setembro de 1991, ele me pediu para organizar um encontro em Londres. Convidou um seleto número de palestinos dos Territórios Ocupados, além de membros da vasta diáspora, para pensarem juntos como o movimento nacional palestino deveria reagir à conferência de paz de Madri que aconteceria em outubro. Os participantes insistiram para que a OLP participasse da Conferência de Madri, mas sob certas condições. A liderança palestina

16 The Question of Palestine According to Edward Said, *PFLP Bulletin*, n.47, fev. 1981.

17 Said, E. *After the Last Sky: Palestinian Lives*. Nova York: Pantheon, 1985.

18 Id., Permission to Narrate, *The London Review of Books*, 16-29 fev. 1984.

recebeu de braços abertos o convite para participar, mas se absteve das condições.

Pouco antes do encontro, Edward visitara a África do Sul. No voo de lá para Londres, ele se sentou ao lado do embaixador do Congresso Nacional Africano (CNA) na Grã-Bretanha e convidou-o para falar na reunião em Londres. Nem todos os presentes apreciaram as ideias de Edward, mas o escutaram. Ele queria transmitir uma mensagem simples. O movimento nacional palestino estava numa encruzilhada decisiva. Não tinha uma opção militar, mas ainda precisava conduzir uma luta sábia, porém militante. Tal luta exigiria a mobilização não só de palestinos como da opinião pública internacional. Perto do fim, o representante da CNA informou-nos sobre a campanha *antiapartheid* que havia sido organizada internacionalmente. O propósito da campanha fora criar um ambiente moral internacional para forçar um conflito político com o sistema de *apartheid*. A mensagem era clara. A participação da OLP em Madri deveria ter o lançamento do equivalente palestino à campanha *antiapartheid*: A Ocupação Israelita Deve Acabar. Para que a diplomacia colhesse resultados positivos, era necessária uma mobilização política e da sociedade civil, tanto na frente interna quanto internacionalmente.

Durante um intervalo antes da última sessão do encontro de Londres, Edward veio ao meu quarto de hotel para telefonar para sua esposa, Mariam, que estava em Nova York. O que ele descobriu durante aquela conversa mudou sua vida. Seu médico queria vê-lo quando retornasse aos Estados Unidos. Suspeitava que ele tivesse leucemia. Edward pediu-me que não contasse essa notícia devastadora a ninguém. Ele próprio teve pouco tempo para digeri-la antes de presidir a última sessão. Todos perceberam a mudança em seu comportamento, parecia preocupado, um pouco resignado. Todos ficaram perplexos.

Edward realmente estava abalado e parecia retraído, mas sua resignação não durou muito. Aquela foi a primeira e última vez que ele se permitiu esse luxo. A partir daquele momento, decidiu viver. Lutou contra o pessimismo, optando por continuar sua missão de falar a verdade ao poder – mas com uma sensação de intensa urgência. Passou por tratamentos tradicionais e experimentais. Após cada árdua visita ao hospital, ele se perguntava abertamente se conseguiria passar por outra. Mas, à medida que o tratamento seguinte se aproximava, dizia: "E eu tenho outra escolha?". Assim, apesar da sua doença crônica, queria "seguir em frente. Tenho muito que dizer e que escrever, e quero continuar a fazê-lo".[19] Foi precisamente isso que ele fez até o seu último dia. Sua coragem diante das adversidades pessoais inspirou pessoas do mundo todo a lutar pela justiça na Palestina e em outros lugares.

Escrevi o primeiro capítulo no volume de Sprinker sobre Said, intitulado "Connections with Palestine" [Ligações com a Palestina].[20] Talvez tenha sido essa ligação, mais que as outras, que tenha colocado Said na ribalta nos Estados Unidos e no Ocidente. Em seu tributo a Edward, o laureado poeta palestino Mahmoud Darwish observou: "Edward colocou a Palestina no coração do mundo, e o mundo no coração da Palestina".[21] Mas a Palestina (lugar, povo, ideia) é, para dizer o óbvio, controversa, particularmente nos Estados Unidos. Por muitos anos Said foi visto pela mídia norte-americana como o "homem de Arafat", ou a voz da Palestina. Porém, a partir da assinatura do Acordo de Oslo de 1993 entre Israel e a OLP, Said lançou uma crítica sistêmica à liderança da OLP por meio de artigos em várias publicações internacionais, entre elas *Al-Hayat, Al-Ahram, The Nation, London Review of Books*. Muitos desses artigos foram

---

19 Conforme Said me disse.

20 Hovsepian, N. Connections with Palestine. In: Sprinker (ed.), *Said: A Critical Reader*.

21 Darwish, M. Edward Said: A Contrapuntal Reading, *Al-Ahram Weekly Online*, 19 set.-6 out. 2004. Disponível em: <http://weekly.ahram.org.eg/2004/710/cu4.htm>.

reunidos em pelo menos quatro livros.[22] Ele julgava que a OLP, ao se sujeitar a uma "paz" inadequada, havia passado para o outro lado e estava promovendo a aniquilação do passado. Ele argumentou que a ideia de uma memória coletiva estava sendo rejeitada até por palestinos. Isso era inaceitável para ele. Assim, exigiu que Arafat renunciasse.

Por que Said virou-se contra Arafat? E por que os antigos inimigos de Arafat (israelenses e norte-americanos) estavam incomodados com Edward? *The Politics of Dispossession* [A política da expropriação] (1994) é um volume interessante que responde a essas perguntas em ensaios escritos ao longo de um quarto de século. Nele Edward introduziu, discutiu, defendeu e criticou o movimento palestino. Mesmo que alguns dos ensaios possam estar defasados hoje, eles ainda fornecem uma importante narrativa da adversidade enfrentada pelo movimento palestino moderno desde sua reativação depois da guerra de 1967. É uma história cheia de reveses, conforme comprovam as guerras e crises que a OLP e o povo palestino tiveram de enfrentar. Durante o período de adversidade, Said apoiou a luta da liderança palestina por independência e soberania. Depois de 1991, quando a liderança da OLP se sujeitou às condições norte-americanas para participar de uma conferência internacional da paz, Said criticou essa liderança por sucumbir a condições inaceitáveis e, na verdade, a via como o equivalente a um governo de Vichy que havia perdido de vista o objetivo fundamental do seu povo: a autodeterminação para a Cisjordânia, Gaza e todos os palestinos. Em vez disso, a autodeterminação foi substituída pela autonomia limitada para os palestinos.

---

22 Entre os diversos livros de Said sobre o assunto estão: *Peace and its Discontents* (1993); *The Politics of Dispossession: The Struggle for Palestinian Self-Determination, 1969-1994* (1994); *The End of the Peace Process: Oslo and After* (2000); *From Oslo to Iraq and the Road Map* (2004, publicação póstuma). Todos foram publicados pela Pantheon Books (Nova York).

Peace and Its Discontents [Paz e os inconformados com ela] (1993) pode ser visto como um volume complementar de *The Politics of Dispossession*. Nessa coleção de ensaios, Edward apresenta aos leitores um "registro dissidente do que ocorreu por quase dois anos, desde o 'aperto de mão histórico' no gramado da Casa Branca em 1993 até, aproximadamente, seu segundo aniversário".[23] Ao contrário da maioria dos observadores, Said afirma que o "Processo de Paz de Oslo" é profundamente enganoso, pois se trata em última instância de uma "paz" sem nenhum aspecto de justiça. Said insiste que, das negociações secretas em Oslo até o presente, os árabes capitularam desnecessariamente; e Israel, na verdade, "alcançou todos seus objetivos táticos e estratégicos à custa de praticamente todos os princípios proclamados do nacionalismo e da luta árabe e palestina".[24]

> Pela primeira vez na nossa história, nossa liderança simplesmente desistiu da autodeterminação, de Jerusalém e dos refugiados, permitindo que eles se tornassem parte de um conjunto indeterminado de "negociações finais". Pela primeira vez em nosso passado recente, aceitamos a divisão do nosso povo – por cuja união havíamos lutado como movimento nacional desde 1948 – entre residentes dos Territórios Ocupados e todos os outros, que hoje constituem mais de 55% da população palestina; eles existem em uma outra categoria mais baixa, que não é abrangida pelo processo de paz. Pela primeira vez no século XX, um movimento de libertação anticolonial não só descartou suas consideráveis conquistas, como também fez um acordo para cooperar com uma ocupação militar antes de a ocupação ter terminado e antes de o governo de Israel ter admitido que era na prática um governo de ocupação militar. (Até hoje Israel se recusa a admitir que é uma potência de ocupação.)[25]

---

23 Said, E. *Peace and Its Discontents*, p.x.
24 Ibid., p.xxv.
25 Ibid., p.xxix.

Edward recusou um convite da Casa Branca para comparecer à cerimônia de assinatura de 1993, pois a via como um dia de lamentação para todos os palestinos. Tony Judt, em sua introdução à coleção de ensaios *From Oslo to Iraq* [De Oslo ao Iraque] (2008), elogia Said pela coragem. Judt foi um dos muitos que inicialmente saudaram o processo de Oslo, mas ele observa que "em retrospecto é difícil negar que ele estava certo e nós estávamos errados".[26]

Deixe-me ser franco. Eu também não estava muito entusiasmado com as perspectivas do processo de paz de Oslo. Mesmo antes da cerimônia da Casa Branca de 1993, expressei minhas dúvidas em um artigo intitulado "Will Arafat Become the Israelis' Enforcer?" [Arafat se tornará um agente dos israelenses?].[27] O ponto de interrogação no título representava minha única concessão ao otimismo. Desde então, não só tenho acompanhado os acontecimentos que estão se desenrolando como tenho observado seu impacto em diversas visitas à Palestina ocupada. Basicamente, Edward acertou na mosca. Em vez de paz, os palestinos são sujeitos a expulsões e fechamentos, expropriações diárias de terras e de seus recursos. Essas terras são entrecortadas por assentamentos em crescimento e expansão, vias secundárias e o "muro", que na experiência vivida pelos palestinos é um muro de *apartheid*. Tudo isso, para Edward, não seria possível sem os Estados Unidos, cujo apoio incondicional a Israel possibilita a expropriação perpétua do povo palestino.

Edward permaneceu furioso com a Autoridade Palestina (AP) durante e após o período de liderança de Arafat. Ele criticou duramente a OLP e a AP por sua corrupção e incompetência. Criticou também os regimes árabes pelos mesmos motivos – e por outros. Acusou a AP de aceitar voluntariamente um novo papel – o de policiais nativos, cuja tarefa era suprimir a

---

26 Judt, T. Introduction. In: Said, E. *From Oslo to Iraq*, p.xii.

27 Hovsepian, N. Will Arafat Become the Israelis' Enforcer?, *Newsday*, 3 set. 1993.

resistência palestina à ocupação israelense. Edward teria ficado ainda mais furioso se testemunhasse o rumo que a AP tomou sob a liderança de Mahmoud Abbas. Suas forças armadas são treinadas por conselheiros norte-americanos para ajudar a derrotar seus compatriotas do Hamas. Ele poderia ter usado o título de um dos seus artigos, "Suicidal Ignorance" [Ignorância suicida],[28] para lamentar a futilidade das lutas entre o Fatah e o Hamas. Em vez de liderar os palestinos em tempos difíceis, o movimento nacional palestino implodiu em Gaza em agosto de 2007. Edward teria clamado pela reconstituição da OLP para representar todo o povo palestino, inclusive aqueles na diáspora.

Nos últimos anos da sua vida, as ideias de Edward evoluíram ainda mais. Ele voltou ao seu princípio humanístico, que insiste na inclusão em vez da exclusão. Concluiu que a Palestina histórica e a Israel histórica eram ostensivamente causas perdidas. A segurança e a prosperidade de israelenses e palestinos são inseparáveis; assim, continuar prisioneiros de uma narrativa exclusiva de vitimização só pode levar a mais tragédias humanas e vidas perdidas. Ao contrário, Edward desejava deslocar esse discurso estéril, movendo-o em uma direção diferente. Expressava apoio a um Estado binacional, que pudesse conduzir à reconciliação com base em um discurso de inclusão em vez de dominação. Ele pediu que pensássemos em como palestinos e israelenses poderiam viver juntos e não em conflito.[29] Voltando sua atenção para ideias alternativas, ele se juntou a pensadores mais antigos que, nos séculos XIX e XX, tentaram imaginar uma alternativa ao sionismo.

Gabriel Piterberg chamou Bernard Lazare e mais tarde Hannah Arendt de "párias conscientes" que, por defender o binacionalismo, representavam os ingredientes para uma alternativa progressiva ao sionismo. Ele acrescentou que "a

---

28 Said, E. Suicidal Ignorance, *Al-Ahram Weekly Online*, 15-21 nov. 2001.

29 Said, E. The One-State Solution, *New York Times Magazine*, 10 jan. 1999.

perspectiva do pária consciente é moral e politicamente viável até – talvez especialmente – hoje".[30] Porém, Edward, diferente dos outros proponentes dessa ideia, absteve-se de propor uma agenda política de como implantar essa visão ou definir sua forma final. No fundo ele continua sendo um democrata humanista que insiste que devemos absorver, emancipar e esclarecer. Nas últimas linhas de *Humanism and Democratic Criticism* [Humanismo e crítica democrática] (2004), escreve:

> Termino com o pensamento de que o lar provisório do intelectual é o domínio de uma arte exigente, resistente e intransigente na qual, infelizmente, não podemos nos recolher ou buscar soluções. Mas apenas no âmbito precário do exílio é possível compreender de fato a dificuldade daquilo que não pode ser compreendido e então anunciar de alguma maneira.[31]

A obra de Edward é vasta e, de fato, ele publicou mais livros postumamente do que a maioria dos acadêmicos publica em uma vida inteira.[32] Transitava por domínios interligados – literatura, música, política e história –, insistindo que, para entender o mundo, precisamos de um equilíbrio entre dissonância, consonância e discordância. Em suas memórias, intituladas *Fora do lugar*, Edward se via por esse prisma complicado. Não como uma única pessoa coerente, mas como várias coisas diversas. Basicamente, sua vida afirmava e celebrava as múltiplas diferenças dele e do mundo.

A filósofa da educação Maxine Greene, autora de *The Dialectic of Freedom* [A dialética da liberdade], mostra como, no aprendizado por meio das artes, o mundo é revelado em

---

30 Piterberg, G. *Returns of Zionism*, p.xvi.

31 Said, E. *Humanism and Democratic Criticism*. Nova York: Columbia, 2004, p.144.

32 Entre esses livros estão: *Humanism and Democratic Criticism*; *From Oslo to Iraq*; *Music at the Limits* (2008); *On Late Style: Music and Literature Against the Grain* (2008).

"perfis incompletos".[33] Durante uma conferência na África do Sul em fevereiro de 2001, em um discurso intitulado "The Book, Critical Performance and the Future of Education" [O livro, desempenho crítico e o futuro da educação], Edward ampliou a observação de Greene com as seguintes palavras:

> Certamente uma grande lição dos últimos cem anos é que nenhum dos sistemas grandes ou pequenos – imperial, ideológico, racial, religioso ou socioeconômico – é adequado para dar conta da complexidade do mundo, que não pode ser arrebanhada graciosamente para dentro de uma ou outra rubrica totalizadora. Tais sistemas são falsos deuses que de maneira rotineira acabam se rebaixando ao barbarismo e à tirania. Em consequência, surge a noção alternativa de que o mundo é incompleto, sempre em processo de formação, uma série magnífica de fragmentos, certamente inapreensível por esquemas redutores, nacionalistas ou não. Greene está correta em dizer que, como Vico sugeriu em meados do século XVIII, o mundo se apresenta à mente de quem aprende em perfis incompletos.[34]

E aqui também surge um dos imperativos centrais de Edward no papel de acadêmico humanista: a importância de buscar alternativas às formas dominantes de pensamento – qualidade que inspirou todas as palavras que ele escreveu.

14 de março de 2009

---

33 Greene, M. *The Dialectic of Freedom*. Nova York: Teachers College, 1998.

34 Palestra não publicada anteriormente de Edward W. Said, usada com permissão.

1
A política e a cultura do exílio palestino
18 de março de 1987

David Barsamian: *Fale sobre o fato de a Palestina ser uma questão, pois isso sugere algo desconhecido ou incerto.*

Edward Said: E também sugere algo incerto quanto à sua existência. As pessoas colocam a questão da Palestina como se estivessem dizendo: a Palestina existe ou não? Acho que esse é o aspecto mais importante de, como você diz, "ser uma questão". As pessoas tendem a querer eliminar a Palestina de toda a existência, embora, obviamente, ela tenha existido no passado e haja muitas pessoas – 4,5 milhões delas – que se identificam como "palestinas". Mas o nome "Palestina" é algo extremamente polêmico na cabeça de muita gente. Infelizmente, até na dos próprios palestinos. Esse nome nos provocou um ligeiro tremor em nossa consciência sempre que foi pronunciado, pois ele parece um tanto ameaçador e desafiador. Não é, de maneira nenhuma, um substantivo imparcial.

Quais seriam algumas das respostas culturais a essa questão? Conhecemos as respostas políticas.

Em diversos sentidos, as respostas culturais são muito mais interessantes e variadas. Houve um período, na década seguinte a 1948, em que os palestinos eram basicamente silenciosos e desconhecidos; isto é, eles estavam tão devastados pela perda e pela destruição da sua sociedade que acabaram entrando em um estado de quase nulidade. A partir do fim da década de 1950, houve uma espécie de ressurgência, a primeira ressurgência, diria eu, da consciência nacional palestina. Ela aparece em um grupo de escritores, jornalistas e ativistas em Israel, o grupo chamado El-Ard, que incluía poetas e romancistas. Eles não duraram muito tempo; isto é, seu empreendimento, que consistia em uma gráfica e um jornal, foi fechado pelos israelenses alguns anos mais tarde. Mas, sob a influência do nasserismo, muitos palestinos começaram a articular sua consciência nacional em romances, poemas, peças e, acima de tudo, ensaios, em um estilo jornalístico e discursivo. Porém, em especial após a guerra de 1967, a voz palestina começou a representar e a simbolizar, culturalmente falando, a voz da verdade em um mundo árabe que havia obviamente sido derrotado por sua própria hipocrisia e pelas armas israelenses. De modo que o exilado palestino e o poeta da resistência – representados por pessoas como Mahmoud Darwish, Ghassan Kanafani e outros – alcançaram uma espécie de *status* internacional devido à forte e impressionante objetividade de sua voz e da emergência do que era, na prática, uma nova linguagem, que incluía não só homens palestinos excluídos como autores e autoras palestinos oriundos de segmentos que historicamente pouco tinham voz: trabalhadores, professores e afins.

Então você sugere que os esforços para caracterizar os palestinos como terroristas, nômades, refugiados e sequestradores de aviões não foram bem-sucedidos?

Acho que em longo prazo não foram bem-sucedidos. Por um breve período, conseguiram criar na mente de algumas pessoas certa identificação entre os palestinos e todas essas característi-cas negativas. Mas é só termos uma experiência como a invasão do Líbano de 1982 por Israel que, de imediato, todos esses clichês se desfazem e surge uma nova noção, uma noção pertur-badora da realidade israelense, embora seja muito, muito difícil. A ação policial de limites discursivos do que é e não é permitido é muito forte. Algumas histórias palestinas, algumas experiên-cias penetram nessa rede de caracterizações negativas a que você se referiu, e os clichês são dissipados.

Não vou dizer que foram malsucedidos. Claro que esses esforços são muito bem-sucedidos na medida em que os palestinos são, de fato, considerados seres desumanizados, terroristas, e assim por diante. Porém, para os palestinos e para as outras pessoas dispostas a ouvir a história, esses rótulos não têm significado. É incrível, para nós – aqueles de nós que discursam, escrevem e dialogam – saber que em todo esse país [Estados Unidos] as pessoas estão interessadas em ouvir a história, porque na reali-dade essas pessoas ainda não foram expostas a ela.

Ligada a isso pode estar a noção de que o interesse sobre a Palestina é extradimensional. Não se trata de uma simples questão política.

Não, pois a própria Palestina é um lugar muito incomum e excepcional. Suponho que todos os lugares sejam excepcionais, mas a Palestina é simplesmente mais excepcional que os outros. Ela tem um significado bíblico, obviamente, muito poderoso. Tem um significado histórico. Tem uma existência contínua – que produz demônios, santos, deuses e afins – há milênios. E isso, parcialmente, em virtude de sua localização geográfica. É um ponto de interseção não só de grandes religiões, como também de culturas. As culturas do Oriente e do Ocidente lá se cruzam. Helênica, grega, armênia, síria, levantina, em linhas gerais, e europeia, cristã, africana, fenícia – é uma fantástica conjuntura. Nesse sentido, a Palestina sempre se livra de um ou outro rótulo limitante. E isso é muito importante na medida em que os palestinos representam o aspecto plural, multicomunal, da Palestina. Sua luta é determinada não com base na exclusividade e no monopólio do que a Palestina significa, mas na interseção de muitas comunidades e culturas dentro da Palestina – os palestinos fazem parte da riqueza da região. Temos lutado contra um povo e uma ideologia que diz que a Palestina pertence somente a Israel e ao povo judeu, não a todos os outros – que devem ficar lá em posição subalterna. É essa a essência do nosso conflito com o sionismo.

Em Orientalismo, *você discute o papel de intelectuais, acadêmicos e especialistas que serviram ao poder e à concepção imperial britânica e francesa no Oriente Médio. Eles forneceram a estrutura, a justificativa e os fundamentos para a conquista e a dominação. Há uma classe comparável que hoje opera na questão palestina?*

Acho que sim, certamente nos Estados Unidos e em Israel. Existe, desde o início do Estado de Israel em 1948, uma classe de orientalistas ou "arabistas", como são chamados, cuja função tem sido trabalhar com o governo para pacificar, dominar, compreender e controlar a população árabe palestina nativa. Você encontra essa classe no governo de ocupação da Cisjordânia e de Gaza, onde os orientalistas – especialistas na história e cultura islâmica – trabalham com as forças de ocupação militar como consultores. Menachem Milson, que foi o administrador da Cisjordânia até 1983, é na verdade professor de literatura árabe. Assim, há uma continuidade direta entre o orientalismo clássico e o imperialismo ocidental no mundo islâmico e em outros lugares, e o orientalismo israelense e o imperialismo nos territórios ocupados.

Nos Estados Unidos, existe um fenômeno semelhante. Agora há todo um quadro de supostos especialistas – eu os denomino orientalistas – cujo trabalho é fornecer à mídia e ao governo, por meio dos seus conhecimentos sobre o mundo islâmico e árabe, o que chamo de atenção hostil ao mundo árabe. Por exemplo, uma grande editora aqui recentemente organizou um simpósio sobre o terrorismo. Ele foi editado pelo embaixador israelense nas Nações Unidas. Três dos artigos foram escritos por célebres orientalistas que tentaram mostrar que havia uma correspondência particularmente urgente entre o Islã e o terrorismo. Esse tipo de coisa acontece.

Essas pessoas, que compõem um grupo de trinta ou quarenta indivíduos, são colocadas para trabalhar sempre que há uma crise, um problema com reféns, um sequestro de avião, um massacre de um tipo ou de outro para demonstrar a inevitável ligação entre o Islã, a cultura árabe, o caráter árabe – também chamado de caráter islâmico – e a violência gratuita. Para mim, a grande fatalidade é que esses orientalistas, cujo papel é o de entender, de interpretar a cultura do Islã e dos árabes, uma cultura que é o seu ganha-pão, na verdade não têm nenhuma empatia com ela. Eles lidam com ela de um ponto de vista antagônico e contrário. Nesse sentido, eles são funcionários e reféns da política do governo dos Estados Unidos, que é profundamente hostil ao nacionalismo.

Acho que isso tem sido verdade desde que os dois entraram em contato. A situação não parece estar mudando, embora haja agora vários jovens que estão começando a combater esse fenômeno específico nos Estados Unidos. Mas a verdade é que, se você observar o material, verá que as pessoas a quem me refiro, esses orientalistas – cuja atenção, interesse e conhecimento acadêmico sobre o Islã são utilizados para fins imperiais pelos Estados Unidos – têm acesso à grande imprensa; ou seja, podem escrever em veículos como *The New York Times*, *The New Republic*, *Commentary* etc., e assim encontramos sempre condenações generalizadas dos árabes em artigos, representações feitas por um grupo hostil, e quase nada para contradizê-los. As pessoas com as mesmas convicções que eu, ou com as de Chomsky ou outros, não têm acesso ou pelo menos têm acesso muito restrito, muito menor que o dessas pessoas, que podem se valer dos recursos do *The New York Times*, da CBS ou da PBS sem problema nenhum.

Você disse, sobre a questão da Palestina, que há um pluralismo de opinião muito maior em Israel do que nos Estados Unidos.

Esse é um fato marcante observado por qualquer um com um mínimo de conhecimento sobre Israel, seja ele israelense ou não, árabe ou não. Existe neste país uma fantástica unanimidade de opinião e até um excesso de zelo em relação a Israel entre os judeus e entre a comunidade judaica organizada. As razões disso parecem-me complexas e óbvias. Há um grande sentimento de culpa em ação por aqui, um grande medo e, acima de tudo, uma grande ignorância. Israel é totalmente dependente dos Estados Unidos, então qualquer crítica é logo interpretada por seus defensores como uma ameaça ao apoio norte-americano que deve, portanto, ser extinta. Há pouquíssima consciência dos problemas fundamentais em Israel, ou seja, das questões que cada homem, mulher e criança israelense deverá enfrentar na vida nos próximas dez anos. A maior parte dos judeus norte-americanos sabe muito pouco sobre isso e não está interessada. Para eles, Israel é simplesmente uma religião secular, um lugar para o qual enviam dinheiro. Mas os problemas de viver em estado de sítio não são aqueles com os quais os judeus norte-americanos têm de se preocupar e, portanto, eles o incentivam, porque essa é a decisão máscula, militante e correta a se tomar.

Inúmeras pessoas participam disso, não só os judeus. Muitos sionistas como George Will e William Buckley – sem nenhuma ligação imediata com Israel, podendo até, na verdade, ter uma profunda antipatia por Israel – ainda assim o exaltam. Surgiu durante a época de Reagan um grande grupo de pessoas, como Jeane Kirkpatrick, por exemplo, e Alexander Haig, que consideravam Israel importante para a segurança dos Estados Unidos e o viam como um baluarte contra o comunismo, o terrorismo etc. Então Israel assumiu uma importância artificial que lhe garante entusiasmo e liberalidade generalizados, dos Estados Unidos e de parte de sua população, sem precedentes.

Infelizmente, isso parece estar apenas fazendo mal a Israel em longo prazo, e talvez até mesmo em curto prazo. Mas os defensores de Israel não estão interessados nisso.

Certa vez comentei com um editor da National Public Radio sobre sua ampla cobertura de acontecimentos em Israel. Toda vez que alguém espirra, tosse ou arrota surge uma notícia. Sugeri-lhe que acontecimentos igualmente significativos dessa natureza acontecem na Argélia, no Iraque, na Síria, no Egito e em outros Estados árabes e perguntei por que não estavam sendo noticiados. A resposta foi o silêncio.

Há silêncio porque obviamente os israelenses são como "nós", ao passo que os outros não são. Eles têm línguas diferentes, são povos diferentes e, portanto, são fundamentalmente menos interessantes – e suponho, embora isso nunca seja dito, menos humanos do que "nós". Certamente esse é o caso. Devemos também relatar, assim como relataram Robert Friedman em uma edição recente da *Mother Jones* e Thomas Friedman na *Times*: há uma extraordinária concentração israelense na mídia norte-americana. Com isso, quero dizer que há uma atenção governamental à mídia tal que, de acordo com Robert Friedman, centenas (senão milhares) de artigos por ano escritos em Israel pelas organizações de informação israelenses são passados para a mídia, jornais, revistas, televisão e rádio norte-americanos. Esse tipo de esforço resulta em uma cobertura inacreditavelmente acrítica e superficial de Israel. Os meios são muito, muito menos críticos quando se referem a qualquer coisa que ocorre em Israel.

Esse é o primeiro ponto. O segundo ponto é que há uma espécie de medo entre os jornalistas deste país de que, se eles se encarregassem de dizer a verdade sobre Israel e o mundo árabe, sofreriam uma retaliação muito grave, perderiam o emprego e assim por diante. Paul Findley, em seu livro *They Dare to Speak*

Out [Eles ousam falar], menciona o assunto. Para ser franco, acho que grande parte disso é exagero. O próprio medo de retaliação é exagerado, pois não creio que os meios de retaliação sejam tão bons. Então há uma espécie de covardia coletiva na mídia.

O terceiro ponto é que, na minha opinião, a maioria dos jornalistas que fazem a cobertura do Oriente Médio não é jornalista. Eles não fazem trabalho investigativo. Não dominam as línguas. Vão e vêm quando há uma crise. Cobrem os tópicos canônicos: terroristas, revoltas etc. Em relação ao resto, simplesmente não é noticiado; o resto é, portanto, considerado desinteressante e sendo assim não existe. Não há consciência política do que está acontecendo no mundo árabe. Neste momento, a região é um turbulento caldeirão de correntes e contracorrentes interessantes e extraordinariamente voláteis; mas muito pouco chega à imprensa, pois a maioria dos jornalistas é preguiçosa e incompetente.

O título do seu livro After the Last Sky [Depois do último céu] *vem de um poema de Mahmoud Darwish. Achei interessante você ter citado esse poema específico. Ele diz: "A terra está se cerrando sobre nós, empurrando-nos pela última passagem". Isso sugere um duplo sentido de morte e nascimento.*

Esse poema chamou minha atenção porque foi escrito em decorrência do que aconteceu em 1982, quando novamente os palestinos, após 1948, tiveram de deixar o país em que haviam se estabelecido, nesse caso o Líbano, pela segunda vez. A diferença é que agora estamos lidando com uma geração muito mais politizada, muito mais consciente do que a de 1948. Então havia um sentimento de calamidade e, ainda assim, renascimento; em outras palavras, transpor o último céu e a última passagem sugere que, embora pareçam ser os últimos, ainda há outra via, há outro céu, há outro terreno do outro lado. Foi exatamente esse duplo sentido que me atraiu no poema, bem como o fato de que, na minha opinião, para todos os palestinos o ano de 1982 foi o segundo grande divisor de águas na nossa experiência, sendo 1948 o primeiro. Portanto, me parecia necessário e importante fazer um levantamento da situação palestina após 1982.

É racismo ter uma expectativa maior em relação aos judeus, aos israelenses?

Acho que não entendi o que você quer dizer.

Dada a história dos judeus e da criação do Estado de Israel, em virtude de sua experiência histórica com perseguições, sofrimento, holocausto e campos de extermínio, devemos achar que os israelenses e os judeus em geral devam ser mais sensíveis, mais compassivos? Isso é racismo?

Não, não acho racista. Como palestino, digo a mim mesmo que se um dia estiver em condições de receber uma reparação política por todo o sofrimento do meu povo, seria extremamente sensível à possibilidade de estar prejudicando outro povo durante esse processo. E um dos grandes enigmas para mim – e digo que é um profundo mistério – é a maneira como relativamente poucos judeus e israelenses que encontro sentem, além de constrangimento e desconforto diante de um palestino, remorso e compaixão pelas criaturas que estão passando em muitos aspectos pelo que eles passaram. Ainda mais perturbador é o fato de que essas criaturas vivenciam essa realidade por causa deles, por causa do que os judeus israelenses fizeram aos palestinos; os palestinos estão passando pelo que os judeus passaram antes. Nunca vou me esquecer do efeito quase devastador que Matti Peled, que fora general de reserva no exército israelense, teve sobre mim três ou quatro anos atrás quando veio aos Estados Unidos e eu o convidei a ir a Columbia. Eu o respeito e admiro muito. Ele estava descrevendo suas atividades: estava em campanha para o Knesset. Logo depois disso ele foi eleito. Almoçamos e ele estava me contando sobre suas atividades. Eu me virei para ele e disse: "Matti, por que você faz isso? É incrível". Ele respondeu: "Em uma palavra, remorso. Eu sinto remorso". Isso teve um efeito tão grande sobre mim que só de pensar no assunto fico emocionado. Como um homem é capaz de dizer isso? Foi algo que me encheu de admiração e consideração por ele; mas, ao mesmo tempo, fico me perguntando por que tão poucos sentem esse remorso.

Stephen Daedalus diz em Ulysses*: "A História é um pesadelo do qual tento acordar". O que acontece com os palestinos quando eles acordam do seu pesadelo nacional? Você pode falar um pouco mais sobre o futuro e sobre a concepção de um Estado? Quais seriam algumas de suas estruturas e dimensões?*

Acho difícil fazer isso de modo afirmativo ou positivo. Eu não poderia lhe dar um plano ou mapa do futuro Estado palestino neste momento, pois estou muito preocupado com algumas das coisas negativas que podem estar presentes e contra as quais quero nos proteger.

Por exemplo, eu odiaria se um Estado palestino surgisse de uma luta desse tipo, contra inimigos desse tipo, e fosse apenas uma cópia dos outros Estados árabes. Eu odiaria se ele fosse igual, por exemplo, o Líbano ou o Iraque. Esse é o primeiro ponto. Em segundo lugar, odiaria se ele fosse um Estado dilacerado com uma consciência minoritária, como encontramos hoje em Israel. Esperaria que fosse um Estado que tivesse uma noção mais simples da própria segurança e da própria importância. Que não precisasse estar em estado de sítio. Considero isso extremamente importante. E, em terceiro lugar, gostaria que ele fosse um Estado que não precisasse se tornar um Estado de segurança em todos os sentidos negativos da palavra, em que populações, grupos, mulheres, pessoas desamparadas etc. seriam discriminados. Esses aspectos devem ser pensados antes dos aspectos mais positivos, como se o Estado seria socialista, capitalista e assim por diante. Essas me parecem ser as ameaças reais à sobrevivência política dos palestinos no futuro.

Você escreveu A questão da Palestina *no início da década 1980.*
Na verdade, no final da década de 1970.

Os palestinos estão mais próximos da realização desse objetivo de ter um Estado independente?
Eu diria que, em vários sentidos, sim. Acho que agora a maioria dos palestinos não se contentaria com nada menos que isso, mas houve uma época em que a maioria achava que a sobrevivência já bastava. Politicamente eu diria que provavelmente não, dada a situação no Oriente Médio, e esta é a contradição: há um conjunto de forças terrestres e aéreas, por assim dizer, que milita de modo tão forte contra a autodeterminação palestina que as perspectivas para o futuro próximo não parecem muito boas neste momento.
Mas acho que devemos continuar refletindo sobre essas coisas em dois níveis. O primeiro é o nível da vontade política, que creio ser mais forte do que antes, porque sobrevivemos a muitas coisas nos sete ou oito anos desde que escrevi o livro. Na terra, na realidade, penso que o desafio é maior. Mas acho que está na história deste povo, aliás, de todos os povos, que quanto mais duro for o desafio, mais determinada é a luta. Não creio que as pessoas simplesmente desistam e se deixem morrer.

O fato de estarem cercados e sitiados foi um dos motivos que talvez tenha incentivado os palestinos no Oriente Médio, nos Estados Unidos e em outros lugares a se tornar uma classe bastante profissional?
Há muitos engenheiros, arquitetos, professores universitários etc. Acho que essa é uma consequência natural do fato de muitos de nós serem itinerantes. Fomos obrigados a depender não do acúmulo de bens e capital, mas da gestão de habilidades e recursos como a educação, a qualificação técnica e o capital intelectual. Em consequência, somos um grupo errante, que tem plena consciência de estar na periferia, ligeiramente às margens de toda sociedade em que vive. Por conta disso, acho

que muitos de nós sentem-se ao mesmo tempo delinquentes e privilegiados de algum modo, vemos as coisas de forma mais aguda. Há uma espécie de dom do discernimento que até certo ponto é conferido aos palestinos que enxergam as injustiças, que veem as ironias de uma situação, que sabem que em muitos países são aprovadas leis contra eles. Vimos isso aqui neste país, onde nove palestinos foram ameaçados de deportação porque supostamente compraram revistas que declaravam o comunismo internacional seu objetivo. É uma ironia que Swift teria apreciado. É esse tipo de sensibilidade que os palestinos cultivaram ao longo do tempo; e acho que o humor palestino, que tende a ser forte e cáustico, é, no entanto, muito aguçado em suas percepções.

Novamente o dístico de Darwish: "Para onde devemos ir após as últimas fronteiras, para onde os pássaros devem voar depois do último céu?"

Sim, exatamente. Essa é a sensação de saber que aparentemente estamos na última fronteira e no último céu, que não há nada depois disso, que estamos condenados à perdição – e, no entanto, fazemos a pergunta: "Para onde vamos daqui?" Queremos uma segunda opinião. Não basta ouvir do primeiro médico que estamos mortos. Queremos seguir adiante.

2
Orientalismo revisitado
8 de outubro de 1991

Bem-vindo à Terra de Oz. Não sei se você ouviu as notícias recentes na imprensa, mas o Congresso e o presidente anunciaram bilhões de dólares em garantias de empréstimo para ajudar a construir novas casas e reassentar o quarto de milhão de palestinos que estavam vivendo no Kuwait e foram obrigados a emigrar para a Jordânia. Queria saber se você ouviu essa notícia, se você poderia confirmá-la?

Não, não posso, não ouvi essa notícia.

Você não acha isso um tanto esquisito?

Sim. É totalmente inimaginável, pois me parece que os Estados Unidos têm, de modo bastante proposital, travado uma guerra contra civis palestinos nos últimos quarenta anos. Então vejo qualquer mudança desse tipo como o Papai Noel, Oz, Poliana, Mr. Rogers, todos combinados em uma só figura.

Plus c'est change...

...plus c'est la meme chose.

Vamos falar sobre as imagens e os símbolos do início da década de 1980 e compará-los com os do início da década de 1990. Houve, por exemplo, a reportagem de capa da Newsweek *de agosto de 1990, logo após a invasão iraquiana do Kuwait, dizendo que no Oriente Médio a "traição é o sustento dos estadistas".*

Considera-se essa sociedade é mais bem explicada pelas histórias sobre o escorpião que pica o camelo atravessando o rio. As imagens que nos vêm em mente datam do século XIX. Toda a ideia de anomalia e de anacronismos é mais bem aplicada a representações atuais do Oriente Médio. Todo o vocabulário do orientalismo parte romântico, parte antirromântico, ainda está bem vivo. Ele parece ter assumido o controle numa forma completamente inalterada. É possível encontrá-lo, por exemplo, na obra de David Pryce-Jones, que escreveu um livro chamado *The Closed Circle: An Interpretation of the Arabs* [O círculo fechado: uma interpretação dos árabes], no qual, segundo me lembro, ele admite não falar árabe nem ser acadêmico. Mas ele arrisca generalizações extremamente abrangentes sobre a cultura árabe como uma cultura da vergonha, uma cultura da violência, como um mundo depravado, sensual e completamente indigno de confiança. Um importante jornal inglês publicou uma resenha desse livro escrita por Conor Cruise O'Brien logo após seu lançamento. Ele diz: aqui está o primeiro homem a falar a verdade sobre o mundo árabe. Isso apareceu em uma edição recente de *The Public Interest* e foi passado adiante. É assim que os árabes são. E assim nós prosseguimos. Nada mudou.

Você se sente decepcionado?

Eu já esperava isso dessa gente.

A decepção e a tristeza vêm no momento em que você percebe que todo o trabalho de diversos acadêmicos, escritores e intérpretes nativos do mundo árabe, que combatem a corrupção e a crueldade de vários regimes, não faz diferença alguma. A ironia é que existe uma gama de ataques legítimos ao sistema político do mundo árabe, que é corrupto, apodrecido e putrefato, mas nenhum desses especialistas ocidentais, sem nenhuma exceção que eu me recorde, já identificou ou se identificou com uma luta interna do mundo árabe contra esse sistema. E existe uma grande oposição. Por exemplo, a maioria dos melhores escritores, jornalistas, artistas, intelectuais e acadêmicos do mundo árabe agora fazem parte da oposição. Muitos deles não podem escrever, não podem falar, estão presos etc. Ninguém faz menção a isso. O movimento pelo direito das mulheres, o movimento dos direitos humanos, todos fazem parte de uma luta constante em cada país, embora haja grandes diferenças entre o Egito e, por exemplo, a Jordânia. Mas eles nunca são mencionados. E acima de tudo, e o indício disso tudo, é que a luta palestina pela liberdade de expressão, pela liberdade de reunião, pela liberdade de formar partidos políticos etc. é sempre muito minimizada. Então você se pergunta por quê. A verdadeira tristeza bate quando se percebe que todo esse trabalho não os afetou em nada. Eles simplesmente repetem o que estão dizendo. Para usar o título do livro de David Pryce-Jones, é esse o "círculo fechado" – não o mundo árabe, onde muito acontece.

Você descreveu a questão da Palestina como "inconveniente" para jornalistas e acadêmicos. Gostaria que você se aprofundasse a respeito. Essas pessoas não estão em campanha eleitoral, não estão sujeitas a pressões políticas nem a lobby. *Por que ela é tão inconveniente?*

É difícil dizer. Encaro essa questão há pelo menos trinta anos nos Estados Unidos. Essas pessoas parecem se dividir em três categorias. Há os mentirosos descarados que dizem que os palestinos não existem, que a questão deles simplesmente é inexistente. "Eles" teriam partido em 1948 porque foram informados de que, para começo de conversa, nem teriam estado lá de verdade – seriam originários de outros países árabes em 1946 e partiram em 1948. Em outras palavras, "eles" são pessoas diversas na

Cisjordânia e em Gaza. São árabes da Palestina, mas não são palestinos. Essa é a linha do Likud.
A segunda linha é adotada pelos *bien pensants*.
Eles ficam divagando exaltadamente sobre a África do Sul, sobre a democracia liberal na Polônia, na Tchecoslováquia, na Hungria, na China e na Nicarágua. São liberal-democratas que não dizem nada sobre a Palestina. Simplesmente não dizem nada.
Finalmente temos o terceiro grupo, que fala sobre a Palestina mas de algum modo abre uma exceção para Israel. Se você explicar a eles que além da África do Sul, da Nicarágua, do Vietnã, da União Soviética e da Praça da Paz Celestial, temos também a Palestina, eles dizem: "Sim, o problema da Palestina existe, mas Israel não é igual aos outros". Assim, nessa terceira categoria, a pergunta passa a ser: quem seria responsável senão Israel? Se não há uma monstruosa injustiça sendo perpetuada por Israel, com o apoio do dinheiro dos impostos e dos liberais norte-americanos, quem é o responsável? No final das contas, eles dizem que a culpa é dos palestinos e dos demais árabes. Mas para mim o cerne da questão é a inconveniência, é que os israelenses sionistas carregam um inconfundível e monstruoso fardo de culpa. Se houver uma relação causal entre esse fardo e o Holocausto e o antissemitismo, é extremamente complicada e embaraçosa, pois não é possível dizer que toda essa situação seja apenas uma maneira de os sobreviventes do Holocausto serem indenizados, nem que os palestinos devam tanto aos israelenses. Não se pode afirmar isso. Mas de certo modo é algo implícito, pois se você fizer essa afirmação e não defender sua posição, os palestinos acabam considerados os responsáveis. Também não estou dizendo que são inocentes. Mas estamos tratando da destruição de uma sociedade em 1948 e com a opressão deliberada e programática de um povo desde então, em especial nos 24 anos de ocupação da Cisjordânia e de Gaza iniciada em 1967, na qual há um ataque contra a identidade – nacional, cultural, política e até existencial – dos palestinos por

meio da nossa destruição sistemática. Então é claro que isso não convém.

Em seu debate na [Universidade] New School *com o ex-vice-prefeito de Jerusalém Meron Benvenisti, e também em outros lugares, você insiste que haja um reconhecimento por parte de Israel da "injustiça", como você denomina, cometida contra os palestinos. Por que isso é tão importante?*

Porque o que tem nos matado nos últimos trinta ou quarenta anos é a negação e o fato de eles não se responsabilizarem. Então ficamos como órfãos, como se não tivéssemos nenhuma origem, nenhuma narrativa, nenhuma genealogia como povo. Nossa genealogia só é compreensível, na minha opinião, se as ações israelenses diretas sobre nós forem reconhecidas. Estamos falando do reconhecimento da história. Esse é o primeiro ponto. Em segundo lugar, isso pelo menos nos coloca numa posição de igualdade diante de Israel, pois nós já reconhecemos a existência deles. Já dissemos a eles: vocês estão aqui. Vocês destruíram nossa sociedade, tomaram as nossas terras, mas reconhecemos sua existência como Estado. Dizemos que queremos viver em paz com vocês do seguinte modo: queremos um Estado palestino, a autodeterminação do nosso povo na Cisjordânia e em Gaza. Podem ficar com seu Estado e com a autodeterminação do seu povo na Israel pré-1967. Eles nunca reconheceram isso. Nunca fizeram isso como nação – não estou falando de indivíduos que dizem "sim, sim, não tenho nada contra", mas nunca dizem isso em público. Isso embora, dez anos antes de 1988, os israelenses tenham me dito: "Queremos o reconhecimento de vocês, seria incrivelmente útil se vocês aceitassem a Resolução 242,[1] se vocês reconhecessem Israel. Aí tudo mudaria". Bem, nós fizemos isso e nada mudou. Piorou. A negação, o silêncio e,

1 Referência à resolução aprovada pelo Conselho de Segurança da ONU em 1967 que, após a Guerra dos Seis Dias, determinou, entre outros aspectos, a devolução dos territórios ocupados militarmente por Israel. (N. E.)

no fim das contas, a indiferença dos judeus, principalmente os norte-americanos, têm sido muito, muito ruim para nós.

Esse reconhecimento nos levaria a ter a permissão de narrar, como você costuma dizer?

Acho que faria uma grande diferença. Aí nós pertenceríamos à mesma história. Nossa capacidade de contar nossa história seria multiplicada por dez. Acho que é importante compreender que no Ocidente existe um ataque sistemático dos israelenses contra qualquer tentativa de narrar uma história palestina. Por um lado, na Cisjordânia e em Gaza, como as pessoas precisam de muito segurança, os palestinos, para viver o dia a dia, nem pensam em contar sua história. Só querem sobreviver. Isso é verdade em relação aos palestinos no Líbano e em outros lugares onde estão sob ataque. O problema da sobrevivência é tão grande que você não pensa em narração, só em sobreviver até o dia seguinte. Internacionalmente, sempre que um palestino se esforça para contar uma história, para expressar de forma eloquente e compreensível a história interrompida da Palestina e sua ligação com a história de Israel, é sistematicamente atacado. Nunca houve uma reportagem de destaque sobre a Palestina. Sempre que há uma representação teatral, por exemplo, a turnê da companhia Hakawati, ela é criticada e interrompida – há pouco tempo, em 1988, Joe Papp, do Public Theater, cancelou o contrato. Sempre que aparece um filme na televisão – um documentário como *Days of Rage* [Dias de fúria], de Joann Trout, exibido na PBS, entre inúmeros exemplos –, há a necessidade de incluir um painel de convidados. Algumas semanas atrás, no Instituto de Arte Contemporânea em Boston, havia uma série de documentários palestinos sobre acontecimentos recentes. Eles disseram que iam parar a não ser que houvesse um painel de discussão com representantes do "outro lado". Então somos sempre o outro lado do outro lado. Acho que isso teve o efeito de tornar os palestinos incoerentes; e toda vez que se vai falar em público, como eu faço, é preciso contar a história desde o início. Em segundo lugar, isso tornou os palestinos inumanos, além de incoerentes. Você tem a impressão de que não está falando sobre um povo com uma história. Isso também é uma política deliberada na era da comunicação e do que Chomsky denominou "consenso fabricado". É um fardo muito pesado sobre nós, e temos um quadro insuficiente. A maior parte do nosso povo não mora no Ocidente. Portanto, remover essa barreira é uma tarefa incrivelmente difícil.

Qual é o efeito sobre os palestinos e, a propósito, sobre os outros povos colonizados, de ter sua história enterrada pelo poder hegemônico? Qual seria uma boa metáfora para isso? Você "traria essa história à tona"? Como ela poderia ser recuperada?

Acho que o mais importante não seria trazer a história à tona, mas representá-la, contá-la, deixá-la existir sem ataques constantes sobre a pessoa que a conta, sobre a integridade do mensageiro. Acho que a metáfora aqui é a de encenação no sentido dramático. Esse é o meu desejo mais do que qualquer coisa, o de que essas pessoas possam ser representadas. A ausência de narrativa, na minha opinião, tornou possível uma condição que parece tirada de *As viagens de Gulliver*, segundo a qual os palestinos não podem se representar nas conversações de paz planejadas. Eles só podem fazê-lo através do filtro da negação israelense e da cumplicidade norte-americana, de modo que existem condições a ser cumpridas que não se resumem apenas a não se poder ser oriundo de Jerusalém Oriental. Não se pode ser da Cisjordânia e de Gaza. Não se pode ter tido contato com a OLP. Não se pode ser mencionado pela OLP. Não se pode identificar como alguém que atua de acordo com as instruções da OLP; não se pode nem ter envolvido com alguém da OLP. Não se pode ser independente; é preciso fazer parte da delegação jordaniana. Não se pode ter uma bandeira, nem falar do seu próprio país. Essas são condições sem precedentes em negociações internacionais entre povos e, no entanto, os norte-americanos as aceitaram porque os israelenses assim queriam. Então a ideia aqui é que a representatividade do povo palestino é equivalente ao seu papel como seres humanos. Se você impedir sua representação não é preciso percebê-los como tal. É por isso que até hoje os israelenses do Likud, [Yitzhak] Shamir especificamente, se referem aos palestinos como "habitantes ou estrangeiros residentes". Eles não têm uma história na Palestina. Inquirido durante uma palestra em 5 de setembro que comemorava o 15º aniversário da fundação do Lehi,[2] Shamir disse que o terrorismo é aceitável se for por uma causa justa. Então, um jornalista perguntou-lhe: e o terrorismo palestino? Ele disse: a causa deles não é justa. "Lutam por uma terra que não é deles", afirmou. Enfim, todas essas questões estão ligadas à história.

Além disso, outros mitos presentes na grande mídia, pelo menos nos Estados Unidos, é o das "oportunidades perdidas". Os palestinos sempre tiveram esse dom de...

Foi Abba Eban que começou com isso. Um grande jornal diário norte-americano me perguntou sobre essa expressão, e eu respondi que era uma difamação racista. Temos, obviamente, oportunidades perdidas. Todo povo tem. Mas nos identificar como o povo que nunca perdeu a oportunidade de perder uma oportunidade significa, na verdade, dizer que somos ineptos por vocação, que isso está em nossos genes, o que é um absurdo. Enfrentamos mais riscos e agarramos mais oportunidades que qualquer um dos atores do Oriente Médio, por sinal mais do que os israelenses, que parecem estar indo incessantemente para a direita. Assim, essa é uma difamação inaceitável, baseada em presunções racistas.

---

2 Sigla em inglês para os Lutadores para a Liberdade de Israel, organização armada que atuou clandestinamente entre 1940 e 1948 com o objetivo de expulsar os britânicos da Palestina. (N. E.)

Outro exemplo disso é Amos Oz, o romancista israelense, reclamando no Libération *que "os palestinos sempre estiveram do lado errado: Hitler, Nasser, União Soviética e Saddam".*

Amos Oz é uma figura interessante. Faz parte do protótipo de israelense aceitável bem-vindo no Ocidente, que dá palestras na prefeitura de Hempstead e para grupos de escritores em Nova York, tem a aparência agonizada de um homem que está buscando uma solução porque, a exemplo do que dizem pessoas como ele, a ocupação é ruim para nossa alma, veja o que ela está fazendo conosco. Pouco importa o que ela está fazendo com os palestinos, que estão morrendo espancados e torturados. É pior para nós porque nossa alma está em jogo. Amos Oz, a meu ver, é genuinamente o médico e o monstro. Ele solta frases como: a ocupação deve acabar, somos contra essa dominação de outro povo. No entanto, ao mesmo tempo, apresenta opiniões sobre os palestinos que indicam ser eles o pior e mais malévolo movimento nacional da história. Ele realmente disse isso. Percebe-se aí um caráter esquizofrênico em que, para manter suas credenciais de liberal no Ocidente, é preciso atacar o povo que se está oprimindo e colocar a culpa nele. É a réplica exata dos argumentos clássicos do antissemitismo contra os judeus nos séculos XIX e XX. Exata.

Queira ou não, você é o principal porta-voz do movimento nacionalista palestino nos Estados Unidos. No entanto, percebo em sua obra certa ambivalência, alguns sentimentos contraditórios sobre o nacionalismo. Você escreveu, por exemplo: "Mais valem nossas andanças, às vezes penso, do que o horrendo som da tranca ao regresso, o elemento secular aberto e não a simetria da redenção". De quem você está falando?

Acho que principalmente de nós. Na minha opinião, os palestinos são duas coisas hoje. De um lado, um movimento de independência alimentado por uma espécie de ideologia nacionalista, que é uma forma de resistência à opressão. Nesse sentido, como eu não poderia apoiá-lo? Faço parte dele. Mas ele tem todas as limitações do nacionalismo, basicamente uma visão palestinocêntrica do mundo que contamina todos nós. Existe certo tipo de xenofobia ligado a ele, um chauvinismo que é parte inevitável de qualquer nacionalismo de resistência. Faz parte do que somos e é, até certo ponto, porém não completamente, uma reação às pressões da opressão israelense. De outro lado, também somos um movimento de exilados. Sinto-me muito mais à vontade nesse meio: exilados, até certo ponto, como os armênios depois da década de 1920, aqueles que vieram para o Ocidente. Você poderia chamá-los de nacionalistas culturais. Mas, no nosso caso, como o contato com o mundo arredor, o mundo árabe, ainda é muito grande, não é exatamente igual. Mas a existência no exílio agora, de fato, é uma ocupação em tempo integral para mais de metade da nossa população. Pela primeira vez na nossa história, 55% dos palestinos vivem fora das terras da Palestina histórica. Parece-me, para essas pessoas, que precisamos procurar novas formas de comunidade e novos modos de existência que não sejam baseados na nostalgia, na saudade, nos sonhos de regresso, que são reais dentro de cada um de nós. Ainda não chegamos à etapa em que podemos lidar com isso completamente. É uma experiência muito trágica. O resultado disso é que ficamos indecisos. Às vezes fazemos parte do movimento de independência. Outras vezes levamos nosso exílio a sério. Mas a OLP, que queiramos ou não representa todos os palestinos, tem sua ortodoxia, sua linha oficial, do mesmo modo que todos os outros movimentos nacionalistas. Às vezes me sinto muito pouco à vontade com isso, ao mesmo tempo que, obviamente, a apoio. Acho que isso gera toda uma gama de dificuldades.

Em After the Last Sky, *você cita "Leda e o cisne", de [William Butler] Yeats: "Capturada assim, e pelo bruto sangue do ar sujeita, teria ela lhe tomado o conhecimento com o poder, antes que o bico indiferente a abandonasse?" Quem é Leda nessa representação?*

Os palestinos, ou a consciência palestina que de certa forma foi violentada pela história da mesma forma que Leda foi estuprada por Zeus na figura do cisne. As lembranças da minha infância na Palestina, da minha juventude, dos primeiros doze ou treze anos da minha vida antes de eu ter deixado a Palestina, talvez por causa de uma compreensão tardia e de uma nostalgia retrospectiva, sugerem-me uma tentativa de me blindar. Todos estávamos tentando nos blindar da realidade óbvia, de que o local estava sendo tomado e que haveria uma briga entre nós e os colonos da Europa. Então, em 1948, acordamos para a realidade. Minha família inteira foi expulsa. É interessante conversar sobre conhecimento e poder. Você pode adquirir conhecimento antes que o bico indiferente o deixe escapar desse poder, do poder dessa fonte? Embora estivesse ciente disto, demorei 35 anos para compreender que, em questão de meses, minha família inteira, tanto do lado do meu pai quanto do da minha mãe, primos, avós, tios, tias etc., todos foram expulsos da Palestina em 1948. Muitos deles, certamente os da geração mais antiga, nunca se recuperaram do trauma. E, em muitos da geração mais jovem, os problemas se replicam: repetem-se problemas psicológicos, econômicos e inúmeros outros.

O "bico indiferente" não ficou muito claro. Tenho algumas interpretações distintas. Uma delas é que se trata do poder imperial em si ou, então, dos movimentos nacionalistas.

Ambos. Não quero forçar demais uma analogia exata com o poema, mas se pode dizer que é a experiência do nacionalismo e também com o imperialismo. São as duas coisas que me vêm à mente. Mas também se trata da experiência com sua própria história. De certo modo, a intervenção do cisne na vida dela é um ingresso na história. Agora somos parte do movimento característico do século XX de império, descolonização, luta pela libertação, resistência e nacionalismo bem-sucedido. Vivenciamos parte disso. Devo lhe dizer que depois que voltei da África do Sul passei a ter uma noção muito mais saudável de como o movimento nacional palestino, pelo menos na década de 1970 e no início dos anos 1980, realmente era, de uma forma bem singular no mundo árabe, capaz de trazer os palestinos para a experiência de colonização do século XX, em função da nossa ligação com todos esses movimentos. Mandela disse-me no fim de março, em Joanesburgo, que "nunca vamos abandonar os palestinos; primeiro porque é uma questão de princípio, e segundo em virtude da ajuda que nos deram". Enquanto o CNA[3] passava por seus piores momentos nas décadas de 1960 e 1970, eles estavam recebendo ajuda nossa, dos argelinos e de outros. Isso também aconteceu com a Swapo,[4] para os nicaraguenses, os vietnamitas, os iranianos, todos esses movimentos de resistência que receberam uma enorme ajuda dos palestinos, geralmente em Beirute. Então isso sugere uma compreensão do nosso lugar na história, que não somos apenas um povo inocente e pastoral, que fazemos parte desse grande movimento. Acho que essa é uma importante conquista histórica. Mas aonde ela vai nos levar já é outra questão.

Mas a experiência palestina é bastante singular em relação a outros povos colonizados. Por exemplo, os belgas vêm ao Congo, apoderam-se dele, levam embora os diamantes e, finalmente, o abandonam. Saem do país. A Palestina é diferente de qualquer outra situação histórica. Você afirmou: "O sionismo é o primeiro movimento de libertação que resultou na 'deslibertação' de outro povo".

---

3 Congresso Nacional Africano. (N. E.)

4 Sigla para Organização do Povo do Sudoeste Africano. (N. E.)

Outro ponto que devemos ressaltar é que não estamos falando de colonizadores brancos na África, nem da África saariana ou subsaariana. Trata-se de pessoas que são vítimas clássicas da opressão e da perseguição, que vieram para a Palestina e produziram outra vítima. A singularidade da nossa posição é que somos vítimas das vítimas, o que é bastante incomum – esse é o primeiro aspecto.

Em segundo lugar, somos o primeiro e provavelmente o último movimento de libertação em um mundo habitado por uma única superpotência, e essa superpotência é o patrono do nosso inimigo. Assim, não temos nenhum aliado estratégico, como tiveram os sul-africanos, a Swapo, os cubanos, os nicaraguenses, Guiné-Bissau, todos os que tiveram a presença da União Soviética. É um fato marcante que nenhum movimento de libertação no mundo pós-Segunda Guerra tenha tido sucesso sem os soviéticos. Nós não temos a União Soviética. Não que tenhamos tido um dia, mas agora ela nem presente está. E o nosso meio – os sul-africanos tinham os Estados africanos vizinhos –, os Estados árabes vizinhos, sejam eles a Síria, a Jordânia ou o Líbano, são locais onde os palestinos foram massacrados. No caso da Síria, existe uma tremenda hostilidade em relação ao movimento nacional.

Em terceiro lugar, somos um movimento de libertação que, no meio da luta, tornou-se um movimento pela independência nacional. Por muito tempo conduzimos uma luta em duas frentes de dois modos. De um lado, dizíamos que nosso objetivo era a libertação. Organização para a Libertação da Palestina, o nome ainda é OLP. Por outro lado, éramos um movimento de independência, pois queríamos soberania nacional e independência em uma parte da Palestina. A situação é muito complicada porque, em última instância, somos um movimento pela libertação e pela descolonização sem soberania nenhuma. Todos os demais movimentos tinham soberania. O colonialismo a que estamos sujeitos é singular porque não temos nenhuma utilidade. Para

eles, palestino bom é palestino morto ou exilado. A questão é que não querem nos explorar, nem precisam nos manter lá como subclasse, como ocorreu na Argélia ou na África do Sul. Eles fazem isso na Cisjordânia e em Gaza. Os palestinos constroem as casas para as pessoas que estão expropriando-os, os assentamentos. Porém, à exceção de alguns poucos indivíduos, ninguém tem ideia do que fazer com os palestinos, com os seres humanos que lá estão.
O historiador sul-africano Colin Bundy é autor de uma teoria que lida com o problema da África do Sul. Ele a batizou de "colonialismo de um tipo especial" (CST), pois a África tem uma classe branca nativa, não de colonos. Essa teoria também se aplica aos palestinos, mas teríamos de chamá-la de "colonialismo de um tipo ainda mais especial". Carregamos um fardo enorme.

Percebo que você é um homem de letras, literatura, música, e que essa é sua inclinação natural. No entanto, você se encontra enredado na arena política exercendo o papel de "árabe designado" para a grande mídia. Que tipo de impacto isso tem em você?
Não penso muito nisso. Não acho interessante, nem gratificante participar da maior parte dessas entrevistas, as sonoras de vinte segundos etc. Procuro não fazer mais isso, pois não me parece...

"O que você acha dos reféns?"; "O que você acha dos terroristas?"; esse é o tipo de pergunta que fazem a você.
É verdade. Houve muito interesse sobre minha opinião durante o período dos reféns, embora eu não soubesse quase nada sobre o assunto nem tivesse interesse nele. Eles me ligavam e diziam: gostaríamos de entrevistar você no *Today Show* sobre a libertação de William Mann ou quem quer que tenha sido libertado antes dele. Eu dizia: claro, mas podemos falar também dos 15 mil prisioneiros políticos palestinos que são reféns dentro de Israel, na Cisjordânia e em Gaza? Não, não, não podemos falar disso, é uma notícia diferente.

Precisamos de uma discussão mais ampla.

É a ideia de designação, do foco concentrado sempre em um único tópico sobre o qual exigem que você discorra. Querem que você diga coisas completamente banais, só porque precisam que fique registrado que elas foram ditas pelo tipo de pessoa que você representa. Perdi o interesse nisso. O meu principal interesse agora, para ser bastante franco, não é a questão política – é a moral. Tenho muito interesse nisso e não perco uma oportunidade de chamar a atenção de intelectuais, escritores, artistas, dramaturgos etc. para esse tema, que afeta a maior parte deles. Não só os judeus, embora muitos deles de fato sejam judeus; mas também os norte-americanos, pois os norte-americanos e os judeus estão ligados à questão. Os norte-americanos estão pagando pela ocupação da Cisjordânia e de Gaza; e os judeus, embora não tenham interesse nem acompanhem os acontecimentos, têm seu nome usado por Shamir quando ele diz: estamos fazendo isso pela segurança de Israel. Esse é o estado do povo judaico em todo o mundo, não só dos cidadãos. Assim, parece-me muito importante a) relacionar Israel à ocupação, do mesmo modo que a África do Sul estava relacionada com o *apartheid*; e b) relacionar-me, como palestino e norte-americano, com norte-americanos e judeus interessados que tenham alguma ligação com isso. De certo modo, reconectar. Essa é a principal coisa a ser feita no presente, eu acho.

Você conta uma história que considero reveladora. Você tinha acabado de passar por uma cirurgia no joelho e, ao pegar um táxi em Nova York, teve uma conversa com o motorista.

O motorista israelense? Ele me perguntou quem eu era; deve ter me reconhecido. Ele disse: "Eu sou israelense". Respondi: "Bom, eu sou palestino". Depois de uma pausa, ele disse: "Eu não servi. Recusei-me a servir na Cisjordânia e agora estou aqui, em parte por causa disso". Completou: "Então não somos de todo mal". Ele tinha muito interesse em me provar que nem todo israelense se encaixava no estereótipo do policial batendo com um cassetete em uma criança. Aí ele perguntou algo como: "Podemos ser amigos, não podemos?" Eu respondi: "Sim, claro. Você é o tipo de pessoa de quem eu gostaria de ser amigo". Foi como um estranho encontro interplanetário. Eu saí do carro, pois a corrida foi curta. Eu estava mancando com a perna operada. Mas eu percebi que, em certo sentido, foi um momento perdido para o futuro. Nada de importante poderia resultar dele, dada a situação e dado o fato de que éramos tão itinerantes. Ele estava longe de sua terra, assim como eu, e por acaso nos encontramos. Mas essa situação me deixou com um sentimento de lástima; queria que houvesse uma maneira de tornar tais encontros possíveis de uma forma mais significativa e duradoura.

Quando Meir Kahane foi assassinado em Nova York, de imediato pensei em você e no perigo que você corria naquele momento. Obviamente, o medo é parte do tipo de trabalho que você realiza. Como você lida com isso?

Não penso muito no assunto. O risco que um residente do Upper West Side (a região onde moro em Manhattan) corre ao atravessar a rua é provavelmente o mesmo de ser ameaçado por um fanático louco que quer atirar em você. Quando você fica se preocupando com problemas desse tipo, eles atingem o objetivo mais danoso, que é incapacitá-lo. O mais importante é continuar vivendo e tomar as precauções razoáveis. É mais difícil para as outras pessoas do que para você. Eu já me acostumei. Fui ameaçado por grupos árabes, estou em meia dúzia de listas de morte no Oriente Médio. Acho que o principal é simplesmente seguir em frente e se lembrar de que suas ações e palavras significam muito mais do que a sua segurança ou a falta dela.

Outro aspecto oculto da questão palestina é a representação cristã no movimento. Você mesmo é cristão, assim como George Habash, Nayef Hawtmeh e outros. Como você explica – corrija-me se estiver errado – o número desproporcional de professores, arquitetos, médicos, dentistas etc. de procedência cristã na dianteira do movimento nacionalista?

Em geral, há duas explicações orientalistas clássicas para isso: os cristãos no Oriente Médio estão ansiosos para se provar membros dignos da comunidade. Eles têm medo da maioria sunita. Para ganhar credenciais na comunidade, precisam provar que são mais nacionalistas e mais ativos na luta nacional do que um mulçumano comum. O modo como as minorias sempre querem provar seu valor é uma forma de supercompensação em reação a uma espécie de ansiedade interna. Uma das formas de provar isso é atacar a maioria, mas no nosso caso os cristãos tentam fazer parte da comunidade por meio de uma superidentificação. A segunda razão orientalista é que os cristãos pertencem, congenitamente, a uma classe mais alta do que os muçulmanos. A maioria deles recebe uma educação ocidental. Falam línguas ocidentais e vêm de famílias ocidentalizadas. Portanto, estão em um patamar mais elevado e sentem que o envolvimento no movimento é importante.

Minha impressão é que é completamente natural que um cristão e/ou muçulmano participe do movimento. Se houver alguma relevância específica em ser cristão na Palestina, ela se deve obviamente ao fato de muitos de nós termos orgulho de fazer parte dos muitos séculos, dos dois mil anos de presença cristã na Palestina. Isso implica uma obrigação especial de ser parte ativa do nosso movimento nacional. Acho que todos nós sentimos isso. Devo dizer que dediquei muitos anos da minha vida a essa luta. Vários membros da minha família também o fizeram, e eu conheço todas as pessoas que você mencionou.

Nenhum de nós nunca sofreu a menor discriminação por parte da maioria. Acho que o último ponto a ser ressaltado aqui é que a relação entre uma minoria e uma maioria no mundo árabe não é facilmente compreendida por um europeu ou ocidental, que sempre pensa conforme as categorias de racismo e discriminação ocidentais contra minorias oprimidas. As coisas não funcionam dessa maneira. Não estou afirmando que as minorias sempre se encontram em boas circunstâncias no mundo árabe, nem que nunca foram oprimidas – elas foram. Mas em geral o *modus vivendum* tem sido, na minha opinião, muito mais saudável e natural do que a relação entre as minorias e a maioria no Ocidente, que é carregada de ansiedade e tensão.

Você gosta de citar [Aime] Césaire: "Há lugar para todos no encontro da vitória".

Sim. A ideia de homogeneidade, de que todos os integrantes de um grupo têm de ser exatamente os mesmos, e que apenas esse grupo tem o direito se for maioria – isso é completamente falho. Não fui criado dessa forma. Acho que é importante nos lembrarmos de que, no Oriente Médio, são muito recentes as mudanças que dividiram os países da região: a Síria para os sírios, o Líbano para os libaneses, a Jordânia para os jordanianos, o Egito para os egípcios. Na minha infância, era possível se mudar de um país – Líbano, Jordânia, Síria, Egito – e cruzá-los por terra. Era possível fazer isso. Todas as escolas que frequentei quando garoto eram cheias de gente de raças diferentes. Era completamente natural para mim frequentar uma escola com armênios, muçulmanos, italianos, judeus e gregos, porque aquele era o Levante e essa foi a maneira como cresci. O divisionismo e o etnocentrismo que encontramos agora são um fenômeno relativamente recente que me é completamente estranho. E eu o odeio. É por isso que a citação de Césaire é tão importante, pois indica que há lugar para todos. Por que um tem de ficar em cima do outro? Por que alguém precisa chegar lá primeiro e empurrar todos os outros para fora no encontro da vitória? Parece-me completamente errado fazer isso. Em muitos dos meus textos recentes oponho-me à ideia, em muitas das agendas intelectuais e políticas dos oprimidos, de que quando chegaram ao encontro da vitória eles vão descontar tudo nos outros. Isso é completamente contrário à ideia de libertação. É como se parte do privilégio de vencer é que você pode descontar nos outros. Vai diretamente contra a razão da própria luta; não posso dizer que concordo com isso. Essa é outra armadilha do nacionalismo, ou do que Fanon chama "armadilha da consciência nacional". Quando a consciência nacional torna-se um fim em si mesma, quando uma particularidade étnica ou racial ou a essência nacional, em grande medida inventada, vira a meta de uma civilização, cultura ou partido político, você sabe que esse é o fim da comunidade humana e que estamos diante de outra coisa.

Talvez possamos encerrar com uma citação literária. Parte do seu trabalho é permeada de poesia. Você cita [Pablo] Neruda em um ensaio chamado "Yeats and Decolonization" [Yeats e descolonização], dizendo "E assim, por mim, a liberdade e o mar responderão ao coração sombrio".[5]

É um trecho maravilhoso. Não sei se é uma boa tradução, nem se ela é precisa. A mensagem é que os seres humanos não são recipientes fechados, mas instrumentos pelos quais outras coisas fluem. É a ideia do ser humano como viajante, que pode ser marcado pelas imagens, pelos sons, pelo corpo e pelas ideias dos outros, de modo que possa se tornar outro e deixar entrar algo tão vasto quanto o mar, quebrando assim as mortalhas e as barreiras e os portões e as paredes que tanto fazem parte da existência humana. É disso que se trata.

Sempre me pareceu interessante o fato de a Palestina – e aqui vai um pouco de chauvinismo – ter certa universalidade, devido ao seu fantástico poder de referência, Jerusalém como o centro do mundo. Jerusalém, a cidade de onde venho, ocupa um lugar único no mundo. Não é uma cidade comum, pelo menos não no que se refere à sua condição existencial e imaginativa. Mas

---

5 Trecho original: *"Y así, por mí, la libertad y el mar responderán al corazón oscuro"*. (N. E.)

pensar que Jerusalém é apenas a cidade de um indivíduo, meramente o lugar onde o cristianismo começou ou apenas o local que o patriarcado da Igreja Ortodoxa Grega aponta como sede de sua autoridade serve apenas para rebaixá-la. Jerusalém tem uma extraordinária força esfoliante que já foi traída por quase todo programa político e, no caso de Israel, todo Estado soberano que a dominou. Os jordanianos não foram nem um pouco melhores. A posição árabe em relação a Jerusalém, que consiste em redividi-la em oriental e ocidental, é completamente inaceitável para mim. Para um lugar como Jerusalém, precisamos de uma visão criativa da cidade que possa ser concretizada na vida dos seus cidadãos, sem que seja imposta por guardas, postos avançados e delegacias.

Os armênios da Armênia histórica na Turquia oriental costumavam fazer peregrinações a Jerusalém e, quando voltavam para casa, eram chamados de "hajj"...

A palavra é usada em árabe para denotar a peregrinação a Meca e Medina, mas também é usada em relação a Jerusalém. A ideia de "hijra [hégira]", emigração, é importante para esse conceito. *Hijra* e *hajj* têm uma relação muito importante; emigrar e depois retornar em um ato de peregrinação é muito importante. Mas devemos observar ambos, o retorno e o exílio, e não apenas um.

3
Cultura e imperialismo
18 de janeiro de 1993

Onde entra o orientalismo em Cultura e imperialismo*?*

Orientalismo teve um efeito bastante limitado, embora tenha tratado de muitos temas. Eu tinha interesse sobre as percepções ocidentais do Oriente e no modo como esses pontos de vista se traduziam no domínio ocidental sobre o Oriente. Limitei-me a observar o mundo árabe islâmico de 1800 até o presente. Fiz isso apenas do ponto de vista do Ocidente, com a compreensão (que na minha opinião foi interpretada erroneamente pelos críticos) de que estava me referindo somente a um aspecto do Ocidente, não ao Ocidente inteiro. Não estava sugerindo de maneira alguma que o Ocidente fosse monolítico; referia-me apenas às entidades ocidentais da Inglaterra, da França e dos Estados Unidos que estavam envolvidas, por questões de política e de governo, com o Oriente Médio.

Cultura e imperialismo é, de certo modo, uma continuação disso, pois eu discuto outras partes do mundo além do Oriente Médio. Na verdade, não dediquei muito tempo ao Oriente Médio. Examinei a Índia, o subcontinente de formal geral, grande parte da

África, o Caribe, a Austrália, partes do mundo onde houve um grande investimento ocidental, seja por meio de um império, do colonialismo direto ou de alguma combinação dos dois, como no caso da Índia. Essa é uma das diferenças. E apesar de eu abordar o mesmo período, o fim do século XVIII até o presente, o segundo aspecto do livro, que até certo ponto depende de *Orientalismo* mas o expande, é que examino as reações ao Ocidente, a resistência ao Ocidente em tais regiões. Ao contrário de *Orientalismo*, em que analisei apenas escritores e políticas da Europa e dos Estados Unidos, observei depois a grande cultura de resistência que surgiu em reação ao imperialismo e cresceu para se transformar no nacionalismo do século XX. Analiso poetas, escritores, militantes e teóricos da resistência no Caribe, na América Latina, na África e na Ásia.

Então não é a princípio prisma da literatura.

Nem do Ocidente, muito embora a literatura seja de certo modo privilegiada. Meu argumento é que muitos dos comportamentos, das referências ao mundo não europeu, foram moldados e formatadas pelo que se chama de documentos culturais, inclusive os literários, e sobretudo as narrativas. Do meu ponto de vista, o romance exerce um papel extraordinariamente importante na criação de posturas imperialistas em relação ao resto do mundo. Cabe observar que não me atenho muito ao tipo de imperialismo que encontramos na Rússia, no qual os russos simplesmente avançaram sobre suas adjacências. Eles se dirigiram para leste e para sul, para onde quer que fosse mais próximo. Tenho muito mais interesse é na maneira como os europeus, em especial britânicos e franceses, foram capazes de se lançar no mundo para implantar uma política de dominação transoceânica, de modo que a Inglaterra pudesse controlar a Índia por trezentos anos a quinze mil quilômetros de distância.

Com cem mil pessoas.

Esse é um fato espantoso. Embora haja distâncias geográficas marcantes entre a metrópole e a colônia, em alguns casos – como no da França e da Argélia –, a colônia foi absorvida e se tornou um departamento da França, do mesmo modo que acontece hoje em Martinica e Guadalupe no Caribe. Também dou muita atenção à Irlanda, pois ela é a grande colônia europeia. No livro, analiso como a Grã-Bretanha e a França foram as pioneiras da ideia de colonização e dominação transoceânica. Depois de 1945, com a era da descolonização, quando os impérios britânico e francês foram desmantelados e os Estados Unidos assumiram o poder, deu-se uma continuação das mesmas características.

Você argumenta que a cultura tornou o imperialismo possível e cita [William] Blake: "As fundações de todo império são a arte e a ciência. Destrua qualquer uma das duas e o império sucumbirá. O império sucede à arte e não o contrário, como supõem os ingleses".

Acho que um dos principais defeitos da vasta literatura sobre o imperialismo na economia, na ciência política e na história é que se presta muito pouca atenção ao papel da cultura na manutenção dos impérios. [Joseph] Conrad foi uma das testemunhas mais extraordinárias disso. Ele compreende que o lucro não está exatamente no cerne da ideia de império, embora certamente seja um dos motivos. Mas o que distingue os impérios antigos – como o romano, o espanhol ou os árabes – dos impérios modernos, entre os quais se destacam o britânico e o francês do século XIX, é que estes são iniciativas sistemáticas, com um reinvestimento constante. Eles não chegam a um país, saqueiam-no e vão embora quando a pilhagem termina. E os impérios modernos requerem, como afirmou Conrad, uma ideia de colaboração, uma ideia de sacrifício, uma ideia de redenção. Com isso, obtemos noções bastante reforçadas de, por exemplo, no caso da França, *mission civilisatrice* [missão civilizatória], de que não estamos lá para nos beneficiar; estamos lá em prol dos

nativos. Ou, no caso de pessoas como John Stuart Mill, que esses territórios e povos suplicam pelo nosso domínio e que, como [Rudyard] Kipling demonstra em sua obra, sem os ingleses a Índia entraria em colapso.
Assim, é esse conjunto de ideias que me interessa mais. Para mim, foi uma grande descoberta perceber que essas ideias não eram em grande medida contestadas nos centros metropolitanos. Até as pessoas que hoje admiramos muito, como [Alexis de] Tocqueville e Mill, e o movimento feminista que começou no fim do século XIX...

E Jane Austen.
Jane Austen é um caso à parte. Ela é de um período bem anterior. Mas estou falando de movimentos organizados – do movimento liberal, do movimento progressista, do movimento operário ou do movimento feminista. Todos eram, de modo geral, imperialistas. Não havia discordância sobre isso. As mudanças só passaram a ocorrer na Europa e nos Estados Unidos quando os próprios nativos das colônias começaram a se revoltar, fazendo que fosse muito difícil que essas ideias continuassem incontestadas. Aí pessoas como [Jean-Paul] Sartre, em apoio aos argelinos, manifestaram-se a seu favor. Mas até então existira uma cumplicidade generalizada, embora houvesse também alguns rebeldes, algumas figuras da oposição, como Wilfrid Scawen Blunt na Inglaterra.

Mas, por trás da fachada da cultura, o cimento que mantinha o império coeso não era o da força, da coerção e da intimidação?
Sim, é claro. Mas devemos entender que, com muita frequência, o poder do exército – digamos, do exército inglês na Índia – era bastante reduzido, principalmente considerando o vasto território que administravam e controlavam. O que encontramos, em vez disso, é um programa de pacificação ideológica pelo qual, por exemplo, o sistema educacional na Índia, que foi

promulgado na década de 1830, tinha como objetivo ensinar aos indianos a superioridade da cultura inglesa sobre a indiana. Obviamente, quando havia uma revolta, como no caso famoso do Motim Indiano (como era denominado) em 1947, ela era combatida com a força, impiedosa, brutal, definitivamente. Aí a fachada podia ser reconstruída e era possível dizer: estamos aqui pelo seu bem e isto é bom para você. Então, sim, houve uso da força – mas muito mais importante, em minha opinião, do que a força, que era administrada de forma seleta, foi a ideia inculcada na cabeça dos colonizados de que o seu destino era ser dominados pelo Ocidente.

Você não enfatiza que, no caso da Índia no início do século XIX, o romance inglês era estudado lá antes de ser analisado na Inglaterra?

Não tanto o romance inglês, mas a literatura inglesa moderna estava sendo estudada na Índia. Quem descobriu isso foi uma antiga aluna minha – hoje colega –, Gauri Viswanathan, em seu livro *Masks of Conquest* [Máscaras da conquista]. Ela argumenta que o estudo da literatura inglesa moderna começa na Índia bem antes de se tornar matéria de pesquisa e disciplina universitária na metrópole. Se não existisse cultura e ideias sobre a cultura, o melhor do pensamento e do conhecimento, haveria anarquia. Haveria, portanto, uma sociedade sem leis. Essas ideias vieram do contexto indiano, onde o irmão de Viswanathan serviu por muitos anos.

Como você explica seu grande interesse por Joseph Conrad e sua obra? Você cita O coração das trevas *com frequência.*

Não tenho interesse só em *O coração das trevas*. *Nostromo*, que considero um romance tão excelente quanto, publicado um pouco mais tarde, por volta de 1904, é sobre a América Latina. Conrad parece-me ser a testemunha mais interessante do imperialismo europeu. Ele era certamente um crítico ferrenho das espécies mais vorazes de império, como era o caso dos belgas no Congo. Porém, mais do que qualquer outro, ele compreendia o modo insidioso pelo qual o império contaminava não apenas os conquistados, como também os conquistadores. Ou seja, a ideia de serviço carregava uma ilusão – por exemplo, no caso dos personagens de *O coração das trevas*, mas também especificamente em *Nostromo* – capaz de seduzir e cativar as pessoas, de modo que se tratava de uma forma de corrupção universal. Na minha opinião, o problema de Conrad – e destaco isso várias vezes ao longo do livro – é que, embora fosse anti-imperialista, ele também achava que o imperialismo era inevitável. Ele não entendia, assim como todos em sua época, que os nativos pudessem governar o próprio destino. Não o estou culpando por isso. Ele viveu em um mundo essencialmente eurocêntrico. Para ele, embora o imperialismo fosse em muitos casos ruim, cheio de abusos, prejudicial para brancos e não brancos, mesmo assim não havia alternativa. Quando o assunto era o que chamamos hoje de libertação, independência, liberdade diante do colonialismo e do imperialismo, Conrad simplesmente não conseguia compreendê-lo. Essa era, na minha opinião, uma limitação quase trágica da sua pessoa.

Mas, em última instância, sua obra afirma o imperialismo.

Sim, e é mais complexo do que isso. De certo modo, o que ele faz em seus romances é recapitular a aventura imperialista. Seus romances falam de pessoas se lançando, em muitos casos, para regiões remotas, para o "coração das trevas" no caso da África, para a América Latina em *Nostromo*. Lá elas se imbuem de uma ideia de serviço, de que estão lá para ajudar as pessoas. Porém, obviamente, estão lá enriquecendo. Mas eu não diria que Conrad aprova esse processo. Ele o considera inevitável. Não o critica como algo que possa ser substituído por uma ideia diferente. Mais do que qualquer outro, ele tinha a consciência do estrangeiro de que a Europa estava condenada a repetir esse ciclo de desbravamento do mundo exterior, corrupção e declínio.

Ao examinar romancistas como Flaubert, Balzac, Tennyson, Wordsworth, Dickens etc., você se expõe à crítica de que está colocando os filtros do presente nas lentes do passado.

Tento não fazer isso. Concentro-me exclusivamente em indicações bem pontuais presentes nos textos, nos quais esses escritores (dos quais você mencionou uma minúscula parcela) realmente dizem as coisas que afirmo que dizem. Não os estou culpando, afirmo claramente no início do livro que não estou interessado na política da culpa. O mundo era desse jeito. Essas pessoas e seus pontos de vista perderam a batalha. Elas foram vencidas pela grande onda de descolonização que constitui o terceiro grande capítulo do livro. No entanto, também condeno qualquer tentativa de exonerar o arquivo cultural de sua associação com a experiência sórdida do imperialismo. Na verdade, afirmo que a maneira como muitos desses escritores entendiam e aceitavam a presença das colônias transoceânicas inglesas os torna mais interessantes.

Por exemplo, em *Mansfield Park* de Jane Austen, sublinho algo que está presente no romance. Não é algo que acrescentei nele. Sir Thomas Bertram, o dono de Mansfield Park, tem de ir a Antígua, onde possui uma fazenda de cana de açúcar que obviamente se sustenta com trabalho escravo, para reabastecer os cofres da propriedade. Assim, a bela propriedade inglesa, que significa repouso, calma e beleza, tem certa dependência em relação à produção de açúcar de uma colônia de escravos em Antígua.

No nosso campo, pessoas como eu, que lecionamos literatura de uma perspectiva histórica, nos deixamos isolar da política e da história. Observamos a obra de arte. Ninguém me supera no que diz respeito ao meu apreço por uma obra de arte; e eu só trato de escritores que aprecio, amo e admiro. Mas também afirmo que, ao ler suas obras, não basta dizer: “Elas são obras de arte”. Tento reinseri-las em seu contexto histórico e mostrar – isso é o mais

importante – como os escritores subsequentes, por exemplo, um grande número de escritores africanos depois de Conrad, de fato, reescreveram *O coração das trevas*. Estamos falando de um processo sucessivo de respostas que ocorreu.
Assim, em vez de dizer que o romance de Jane Austen é só sobre a Inglaterra, eu digo que não, ele é sobre o Caribe. Para compreendê-lo, é preciso entender a história caribenha segundo outros escritores caribenhos. Não precisamos apenas da perspectiva de Jane Austen. Também precisamos de outros pontos de vista. Eu faço uma leitura baseada no contraponto, várias vozes produzindo uma história.
O ponto mais importante é que o imperialismo é uma experiência de histórias interdependentes. A história da Índia e a da Inglaterra devem ser pensadas juntas. Não sou separatista. Todo o meu trabalho consiste em integrar experiências que estão separadas tanto analítica quanto politicamente, o que considero errado.

E.M. Forster é outro escritor que você discute. Em Howards End, *há referência a uma plantação na Nigéria.*
Não é só uma referência. Os Wilcoxes, os donos de Howards End, são proprietários da companhia de borracha anglo-nigeriana. Sua fortuna vem da África. Mas a maioria dos críticos desse romance, como o livro de Lionel Trilling sobre Forster, simplesmente não menciona esse fato. Está lá no livro. Eu busco destacar esses aspectos do grande arquivo cultural do Ocidente, da mesma forma que procuro examinar os arquivos culturais de lugares como Austrália, África Setentrional, África Central, entre outros, para dizer que está tudo ali. Precisamos lidar com todo esse acervo. É extremamente importante. Talvez você se lembre de que a epígrafe de Howards End é *"only connect"* [apenas se relacione]. É importante relacionar as coisas umas com as outras. É isso que tento fazer em *Cultura e imperialismo*.

Então você aceita o Zeitgeist. *Você não é crítico dele.*

A crítica se dá nos grandes movimentos de resistência, que no fim derrotaram os impérios. O fato é que os impérios não sobreviveram à Segunda Guerra Mundial. O movimento do Congresso, que começou na Índia em 1880, consistia exatamente no mesmo partido que tomou o poder depois de os britânicos se retirarem em 1947. Um dos pontos que tentei ressaltar aqui foi que todos os grandes movimentos de resistência da África, Ásia e América Latina remontaram sua história aos primeiros povos que resistiram à chegada do homem branco. Existe uma continuidade na resistência.

Por exemplo, a FLN argelina, que derrotou os franceses a alcançou a independência em 1962, considerava-se uma continuação da resistência iniciada em 1830 por Emir Abd el-Kader na Argélia. Enxergava-se como parte da mesma história. É isso que eu estava tentando mostrar. Há uma história contínua de lutas. O imperialismo não é nunca a imposição do ponto de vista de um sobre o outro. É uma experiência contestada e conjunta. É importante se lembrar disso.

Falando na Argélia, passemos para Albert Camus, que você considera uma "figura muito interessante". Vencedor do Prêmio Nobel, é celebrado com um escritor universalista com uma compreensão notável da condição humana, um símbolo de decência e resistência ao fascismo. Mas em sua minuciosa análise surge um Camus muito diferente.

Não menosprezo seu talento como escritor; Camus é um excelente estilista, certamente um romancista exemplar em muitos aspectos. Ele de fato fala sobre resistência. Mas o que me incomoda é ele ser lido fora de seu contexto, da sua história. A história de Camus é a de um *colon*, um *pied noir*. Ele nasceu e cresceu em um lugar na costa da Argélia bem perto de Anaba (em árabe) ou Bône (em francês), que foi transformada em cidade francesa nas décadas de 1880 e 1890. Sua família veio da Córsega e de diversas partes do sul da Europa e da França. Seus romances, na minha opinião, são verdadeiras expressões da situação colonial. Meursault, em *O estrangeiro*, mata um árabe, a quem Camus não dá nome nem história. Toda a ideia do final do romance, segundo a qual Meursault vai a julgamento, é uma ficção ideológica. Nenhum francês jamais foi julgado por matar um árabe na Argélia colonial. Isso é mentira, é algo que ele inventou. Em segundo lugar, em seu romance *A peste*, as pessoas que morrem na cidade são árabes, mas não são mencionadas. As únicas pessoas que importavam para Camus e para o leitor europeu da época, e até de hoje, são os europeus. Os árabes estão ali para morrer. A história, a propósito, é sempre interpretada como uma parábola ou alegoria da ocupação alemã da França. Minha leitura de Camus e de suas histórias mais tardias começa com o fato de que ele, no fim da década de 1950, se opunha de forma categórica à independência da Argélia. Na verdade, ele comparou a FLN [Frente de Libertação Nacional] a Abdel Nasser no Egito, depois de Suez, depois de 1956.

Ele disse em 1957 que, "no que diz respeito à Argélia, a independência nacional é uma fórmula apaixonada. Nunca existiu uma nação argelina".
Exatamente. Nunca existira uma nação argelina. Ele denunciava o imperialismo muçulmano. Assim, longe de ser um observador imparcial da condição humana, Camus era uma testemunha colonial. O irritante disso é que ele nunca é lido dessa forma. Há pouco tempo, na escola e na faculdade, meus filhos leram nas aulas de francês *A peste* e *O estrangeiro*. Em ambos os casos, fizeram que meu filho e minha filha lessem Camus fora do contexto colonial, sem nenhuma indicação da controversa história da qual ele faz parte. Ele não era apenas um observador neutro, mas um dedicado antagonista da FLN.

Em O exílio e o reino, *há um conto muito interessante chamado "A mulher adúltera". Você faz uma observação sobre a linguagem.*
Não é só a linguagem. Essa é uma história tardia, pós-1955. Fala de uma mulher, Janine, que é casada com um vendedor.

Eles fazem uma viagem de ônibus para o sul da Argélia. Ela comenta, provavelmente com o mesmo sentimento de Camus na época, que estava em seu próprio país, mas as pessoas lhe eram estranhas. Ela não fala árabe. Ela as trata como se fossem uma raça distinta. Finalmente, eles chegam ao seu destino, uma cidade empoeirada no sul da Argélia. Passam a noite lá, mas ela não consegue dormir. Ela sai. Em um trecho que deve ser entendido como um momento de satisfação sexual, ela se deita na terra argelina e realiza um ritual de comunhão com a terra que, segundo uma observação posterior de Camus, é uma maneira de regenerar o eu sorvendo a energia do país. Esse conto costuma ser lido como uma espécie de parábola existencialista, quando é, na verdade, uma afirmação do direito colonial do povo francês – pois Janine é francesa – às terras da Argélia, que eles consideram posse sua. Faço uma leitura nesse contexto, o que em geral não é feito. Associo isso à recusa de Camus de desistir da ideia de uma Argélia especial para a França, *l'Algérie française*. Diz-se com frequência – Michael Walzer, por exemplo, cita isso a todo momento – que Camus teria dito que, se sua mãe estivesse sendo ameaçada por terroristas em uma guerra e ele tivesse de escolher entre a justiça e os ideais certos ou a vida dela, sem dúvidas escolheria a mãe. Mas essas opções são falsas. Ou se escolhe a responsabilidade dos intelectuais em relação à justiça e à verdade, ou se escolhe a mentira – é isso que muitos dos admiradores de Camus não conseguem ver.

Os franceses não declararam o árabe uma língua estrangeira na Argélia?

O árabe, pelo fim da Segunda Guerra Mundial, havia sido proscrito como língua, pois a Argélia era considerada um departamento da França. O único lugar – e isso é extremamente relevante para a situação da Argélia contemporânea – em que a língua podia ser ensinada era a mesquita. Na época, e ainda hoje, o Islã era o último abrigo do nacionalismo. A FLN toma o poder em 1962 e restitui a língua árabe. Havia um programa um tanto (na minha opinião) equivocado de arabização. Todos tinham de aprender árabe. A geração de Ben Bella e Boumediene não falava nada de árabe. Sua língua funcional era o francês. Eles entendiam um dialeto e conseguiam ler o *Corão*, mas não eram capazes de usar o árabe da forma como fazemos no mundo árabe oriental. Então eles tiveram de reaprender a língua. Enquanto isso, a FLN tornou-se o partido não só da nação como também do Estado. Com seu monopólio de mais de trinta anos no poder, ela se tornou uma força contra a qual os fiéis se rebelaram. Daí a Frente Islâmica de Salvação (FIS), uma repetição da mesma história.

Você mencionou certa vez a responsabilidade dos intelectuais, que são a classe responsável por essas representações da literatura que, como você sustenta, têm inúmeras debilidades. Disse que os intelectuais olham para Camus e obscurecem pontos essenciais. Eles estão interpretando algo que você afirma existir, que comprovadamente existe, mas não conseguem enxergá-lo.

Não quero generalizar em termos de classe, mas certamente posso dizer que uma das coisas que possibilita esse tipo de leitura, que faz você prestar atenção nesses aspectos, é a experiência de descolonização. Creio que, se você viveu em um período de luta colonial, é possível retornar a esses textos e lê-los de uma forma que seja sensível a esses pontos que em geral são ignorados. Por outro lado, se você acha que literatura é só literatura e não tem nada a ver com nada, o seu trabalho passa a ser separar a literatura do mundo e, de certo modo, mutilá-la, extirpar os aspectos que a tornam mais interessante, mais mundana e mais parte da luta que estava ocorrendo.

Não defendo e sou absolutamente contra o ensino da literatura como forma de política. Penso que existe uma diferença entre panfletos e romances. Não acho que a sala de aula deva se tornar um lugar para promover ideias políticas. Nunca ensinei política na sala de aula. Acredito que estou ali para ensinar a interpretar e ler textos literários.

Mas isso é político.
Só em um sentido: é uma política contrária a uma leitura da literatura que despojaria e castraria os aspectos mais profundamente contestados nela.

Mas, no papel de professor, você faz determinadas opções.
É claro. Todos fazemos. Não negaria isso. É uma opção que propõe uma leitura diferente desses clássicos. Não afirmo de modo algum que é a única leitura. Simplesmente digo que é uma leitura relevante que ainda não foi abordada. Com certeza não quero impor meu ponto de vista aos alunos, não quero dizer que se não fizeram a mesma leitura não vão passar no curso, pois considero a liberdade acadêmica crucial nessa questão. Ao contrário: quero provocar investigações novas e estimulantes desses textos, incentivando leituras com mais ceticismo, curiosidade e perspicácia. Essa é a questão.

Existem trabalhos, entre eles alguns de Chomsky, sobre a responsabilidade dos intelectuais de falar a verdade ao poder. Em La trahison des clercs *[A traição dos clérigos], de 1928, Julien Benda diz que "a traição é o modo como aceitam que a atividade intelectual seja usada para fins políticos, nacionalistas e raciais". Eu me pergunto: por que não? Eles são recompensados e celebrados por colaborar com a cultura dominante.*
Uma das grandes tragédias foi o que aconteceu no Terceiro Mundo com a chegada do nacionalismo. Há uma diferença entre o nacionalismo no sentido triunfalista, do tipo que hoje vemos nos Estados Unidos quando – não sei bem quem "somos" – saímos proclamando nossa vitória na Guerra Fria, nosso direito de intervir no Iraque e no Panamá, e o nacionalismo discutido por Fanon em *Os condenados da terra*, que resiste à colonização e ao imperialismo. Mas o que me interessa mais é que, quando o

nacionalismo triunfa e a independência é alcançada, em geral ele vira uma espécie de tribalismo, atavismo, estatismo, tornando--se assim, como acontece em muitas partes do mundo árabe hoje, um Estado neoimperialista, ainda controlado por forças externas, no qual a elite dominante atua como agente e cliente do poder dominante. Acho que isso foi claramente previsto por vários dos primeiros escritores nacionalistas do Terceiro Mundo, mas esse fato em geral é esquecido. Gente como Elie Kedourie e outros ocidentais sempre argumenta que o nacionalismo é uma invenção ocidental, que aquilo que encontramos na Argélia ou na Índia é uma imitação do Ocidente. Mas o interessante é que, se observarmos com cuidado a história do nacionalismo de resistência que discuto no meu livro, descobriremos que a maioria dos primeiros partidários advertia contra os abusos do nacionalismo. Por exemplo, Fanon diz que não iam fazer aquela revolução contra os franceses para substituir policiais franceses por policiais argelinos. Não é essa a questão. Buscamos a libertação. A libertação é muito mais do que se tornar um reflexo do homem branco que expulsamos, simplesmente substituindo-o e usando sua autoridade. Assim, tenho muito interesse na distinção entre a libertação e o nacionalismo impensado.

Você também ressalta que a teoria imperialista, que forma a base da conquista colonial, permanece viva ainda hoje. Como ela se manifesta, especificamente na cultura?

No livro, falo principalmente sobre a esfera pública nos Estados Unidos. Em primeiro lugar, havia um clima palpável de missão internacional após a Segunda Guerra Mundial, em que os Estados Unidos se viam como herdeiros dos britânicos e franceses, os grandes impérios ocidentais. Esse certamente foi o caso na América Latina e no Sudeste Asiático, onde os Estados Unidos sucederam a outras potências coloniais. No caso do Vietnã, eles sucederam aos franceses e seguiram o mesmo caminho desastroso. Um ciclo de história imperialista segue o outro.

Em segundo lugar, começou a circular na mídia e no meio acadêmico toda uma teoria da ciência do desenvolvimento norte-americana – os teóricos do desenvolvimento dos anos 1950 e 1960, a ideia de que temos de sair pelo mundo e desenvolver os subdesenvolvidos. Precisamos lhes oferecer modelos para realizar uma decolagem econômica, a noção de Walt Rostow. Graham Greene fez uma brilhante paródia disso em seu romance *O americano tranquilo*, que é, na verdade, uma sátira da Guerra Fria. Pyle, o norte-americano no Vietnã, oferece a terceira via. Diferente da antiga via colonial e da comunista, há um novo caminho, o nosso caminho, no qual a ideologia da Guerra Fria é muito importante, resultando em inúmeras políticas e revoltas. Tenho em mente a Indonésia, as Filipinas, o Oriente Médio e diversas partes dele em 1958, as primeiras intervenções norte-americanas pós-guerra, que começaram na Grécia e na Turquia logo após a Segunda Mundial, e a ideia de que os Estados Unidos são a polícia do mundo.

Em terceiro lugar, isso também se constata na retórica pública do Departamento de Estado e da elite intelectual deste país. Temos uma missão diante do mundo; a mídia repete e reitera isso constantemente. A suposição da mídia é que somos observadores imparciais e que, de certa forma, ser jornalista significa ser testemunha do poder e emissário dos Estados Unidos em lugares como Bagdá etc.

O resultado é um sistema ideológico poderosíssimo, sobre o qual Chomsky discorre de forma brilhante, que considero fundamental na educação de todo norte-americano. Ele é baseado em muita ignorância e em pouquíssimo conhecimento geográfico sobre o resto do planeta. Meu trabalho tem uma relação muito forte com o conhecimento geográfico. Uma das diferenças mais interessantes entre os Estados Unidos e os impérios clássicos do século XIX na Grã-Bretanha e na França é que antes existia, em primeiro lugar, contiguidade. A França ficava, em certo sentido, próxima do norte da África. Havia uma ligação entre a Inglaterra e o império do Oriente por Suez, pelo Golfo etc. Existia um sistema colonial. Os Estados Unidos não têm nada disso. Há, pelo contrário, um conhecimento abstrato especializado, pessoas que aprenderam técnicas das ciências sociais, que sabem manipular números, usar computadores etc., mas têm uma enorme ignorância geográfica. Os Estados Unidos são extremamente isolados, são um país provinciano em vários sentidos. Eles produzem especialistas que são formados para servir primeiro no Vietnã, em seguida na América Latina, depois no Oriente Médio. O resultado é que adotam uma política violenta e saem dando guinadas incoerentes com resultados extremamente danosos. A maioria dos norte-americanos já esqueceu – muitos dos meus alunos nem sabem sobre o Vietnã – que os Estados Unidos provocaram a morte de um milhão de vietnamitas. Isso foi esquecido. Jimmy Carter disse que foi um caso de "destruição mútua". Não há nem comparação entre a destruição do Vietnã e as baixas dos Estados Unidos como força imperial invasora.

Por último, e mais importante, ocorreu um banimento, uma espécie de exclusão intelectual da noção de imperialismo. Os imperialistas são os britânicos e os franceses. Somos diferentes. Não possuímos um império. Não temos uma Índia. Mas a realidade é que, por meio das corporações transnacionais, através da mídia, pelas forças armadas, os Estados Unidos têm o que Richard Barnet chama de "alcance global". Representam a última potência global restante.

Gente como V. S. Naipaul diz: "Está tudo encerrado".

O imperialismo acabou. Estamos agora em uma nova era, e veja a confusão. Em uma das suas obras mais citadas, *Entre os fiéis*, lá está Naipaul, o romancista, posando de especialista no Islã, sociólogo e psicólogo. Ele viaja ao Irã, ao Paquistão, à Indonésia e à Malásia. Ele descreve os muçulmanos: "Sua fúria, a fúria de um povo pastoril com habilidades limitadas, dinheiro limitado e um entendimento limitado do mundo, é vasta. Agora eles têm uma arma, o Islã. É sua maneira de acertar as contas com o mundo. Ela serve o seu pesar, seu sentimento de incapacidade, sua fúria social e seu ódio racial".

Naipaul é uma figura interessante. Em primeiro lugar, trata-se de um escritor muito talentoso. Não há dúvidas disso. Ele também é, como negro, um belo exemplo do que disse Irving Howe quando em 1979 publicou no *New York Times* uma crítica ao romance recém-lançado *Uma curva no rio*. Ele disse: este é um homem que vem do Terceiro Mundo. Ele é indiano, do subcontinente, mas sua família morava em Trinidad e ele cresceu lá. Ele é citado como testemunha junto a pessoas como Fuad Ajami. Eles sabem do que estão falando. E dizem que o lugar é um caos imundo. Naipaul incentiva isso.

Não me importo se Naipaul disser as coisas que quiser dizer. Todos temos o direito de expressar nossa visão. E não duvido que as evidências dos sentidos assim lhe pareçam. Sabemos, porém, que ele é um viajante muito preguiçoso, cujas informações sobre os países que visita são extremamente incompletas. Acho que ele deve escrever e ser publicado, e as pessoas devem lê-lo e criticá-lo. Mas precisamos estar cientes de duas coisas que ele faz e são particularmente perniciosas. Em primeiro lugar, ele não dá uma visão completa da história que, em muitos casos, produziu a verdadeira bagunça encontrada em países como o Irã. O Irã não é apenas um lugar onde o Islã surgiu de forma gratuita. Ele vem de uma história específica com o Ocidente, de um encontro prolongado de derrotas: as guerras do ópio, as concessões de petróleo, o reinado do xá. O que temos no Irã agora é uma reação a isso tudo. Naipaul deixa esse histórico passar em branco, como se essas características fossem atávicas dos muçulmanos.

Em segundo lugar, e muito mais importante, é o fato de Naipaul nunca nos dar nenhuma indicação de que existe algo além disso nesses países. O Islã agora é o bicho-papão do Ocidente. No verão passado, li uma manchete no *Washington Post* que dizia que o Islã substituiu o comunismo como inimigo do Ocidente. A ideia de um Islã monolítico, indistinto e indistinguível, torna-se um receptáculo para todo o mal do mundo, sem nos deixar cientes não só da qualidade monolítica, mas de que dentro do Islã e do mundo islâmico existem inúmeras correntes e posições. Há indivíduos seculares que estão tentando lutar contra as irmandades, as *jihads*, o Hezbollah, o Hamas, e são muito diferentes entre si. O Hamas é muito diferente do Hezbollah. O movimento dirigido por Hassan al-Turabi no Sudão é muito diferente da Irmandade Muçulmana no Egito, e assim por diante. Presta-se pouquíssima atenção às outras formas de fundamentalismo existentes. Por exemplo, o fundamentalismo judaico. Israel é um país fundamentalista, em vários sentidos tão assustador quanto o Irã para mim que não sou judeu. Jamais se discute isso. Israel é governado de acordo com leis teocráticas que proíbem certas coisas no Shabat, que censuram músicas consideradas exageradamente cristãs, que em alguns casos proscrevem compositores como Wagner, que instituem regras muito rigorosas sobre quem é judeu e quem não é etc. Esse assunto é inteiramente excluído das grandes discussões. Sou um indivíduo secular. Sou contra todo tipo de política religiosa. Mas não estou sozinho. E se forem falar do Islã da maneira que Naipaul fala, é necessário abordar o assunto dentro de um contexto muito mais completo e verdadeiro do que aquele que ele o engendra. Pois, ao final, trata-se de um tipo de oportunismo, já que o produto vende bem e é fácil de fazer.

A que você atribui o apelo do Islã hoje em países como Argélia, Jordânia, Tunísia e especialmente Egito, onde há alguns problemas muito sérios?

Parece-me, antes de tudo, um fracasso dos movimentos de modernização seculares que chegaram ao poder depois da Segunda Guerra Mundial em reação ao imperialismo. Esses movimentos trouxeram pouquíssimas soluções. Foram incapazes de lidar com a explosão demográfica. Não conseguiram encarar a democratização e o aumento do poder da população que ocorreu após a libertação. Por exemplo, no Egito, pela primeira vez na história, todo egípcio ganhou o direito a uma educação completa. Porém, muitas vezes se esquece de que o ressurgimento islâmico vem nas pegadas e em decorrência de uma campanha tremendamente bem-sucedida contra o analfabetismo. Esses movimentos não são dirigidos por analfabetos. São coordenados por médicos e advogados. Esses movimentos islâmicos, que são bem diferentes em cada lugar, em geral são contestados por uma cultura laica muito vibrante.

Os movimentos ocorrem fundamentalmente em países – como Egito, Argélia, Jordânia e Arábia Saudita – cujos governantes são considerados aliados do Ocidente. Imagine a alienação sentida pelo povo do Egito que viu Sadat sendo afagado pelos Estados Unidos, fazendo as pazes com Israel, vendendo sua integridade, assumidamente com bastante bravata e uma grande maestria nas relações públicas, mas ainda assim desistindo das prioridades egípcias a favor das prioridades estabelecidas pelos Estados Unidos. Isso introduz não só uma sensação de falta de esperança e desespero, como também um sentimento de raiva que é fomentado por esses movimentos islâmicos.

Por último e mais importante, o ressurgimento islâmico no mundo árabe ocorre predominantemente em países onde a democracia havia sido ab-rogada em virtude das prioridades do Estado de segurança nacional. Nesse ponto Israel exerce uma função muito importante. Isso é esquecido. A presença de Israel, um Estado teocrático e militarista, uma Esparta que se impõe sobre a região – não me refiro apenas aos palestinos, cuja sociedade Israel destruiu, cujo território está ocupado há mais de 25 anos, mas também às suas invasões, suas incursões no Líbano, na Jordânia, na Síria, na Tunísia. Já sobrevoou a Arábia Saudita diversas vezes. Já atacou o Iraque. Israel é uma superpotência regional. Essa sensação de que Israel e os Estados Unidos vitimam as terras árabes quando bem entendem obrigou as pessoas a voltar a alimentar as raízes da cultura nativa, que é islâmica.

Uma espécie de resposta autóctone, indígena.

É uma resposta a isso – e, na minha opinião, uma resposta profundamente equivocada. Em muitos casos ela é reacionária, mas tem causas objetivas. Não é um essencialismo perverso como muito se representa na imprensa daqui. Você lê Bernard Lewis e ele fala das raízes da ira muçulmana, "The Roots of Muslim Rage", na *Atlantic Monthly*; e fica-se com a impressão de que os muçulmanos estão furiosos com a modernidade, como se ela fosse uma vaga força que eles querem atacar e vilipendiar para voltar ao século XVII. Isso faz parte dessa conjuntura. As descrições do Islã no Ocidente fazem parte do mesmo problema contra o qual lutam muçulmanos do mundo árabe e do mundo islâmico de forma geral, seja no Paquistão, em Bangladesh ou no Irã. Não se procura compreender o Islã nem se quer dialogar com ele. Ao contrário, há legiões de repórteres que exemplificam a preguiça e a mediocridade da mídia ocidental, que devem aqui receber uma grande parcela da culpa, além dos supostos especialistas que se prestam a esse tipo de serviço. Seu principal trabalho, seja ele em documentários ou em noticiários televisivos comuns, é o de escorçar, compactar, reduzir e até caricaturar, tudo isso para produzir uma frase de efeito. Isso aparece até nos filmes. Na semana antes do Natal, assisti a pelo menos três filmes na televisão – *Delta Force* foi um deles – cujo enredo baseava-se em matar "terroristas" que eram ao mesmo tempo árabes e muçulmanos. A ideia de matar árabes e muçulmanos é legitimada pela cultura popular. Isso faz parte do clima que devemos investigar.

O modo como você mencionou a cultura popular me interessou muito. Você é visto como alguém que está imerso na cultura erudita. Você é um acadêmico. Mas, sim, você viu Delta Force. *Temos também* Águia de aço, *que é um dos filmes mais extraordinários desse gênero. Fui convidado a dar uma palestra sobre as representações dos árabes e do Islã na mídia na University of Colorado Boulder, durante um período curiosamente chamado de "Semana da Consciência Árabe". Daí peguei vários filmes para ver. Em* Águia de aço, *um adolescente norte-americano rouba um caça F-16 no Arizona e, de algum modo, voa sem parar até o Oriente Médio, um feito impressionante. Ele mata um exército inteiro de árabes fanáticos que fizeram seu pai de refém. Então resgata o pai e o traz de volta ao Arizona.*

Meu favorito é *Black Sunday* [Domingo negro], no qual os árabes não se curvam a ninguém. Participam das atividades mais sinistras: querem invadir e explodir o Super Bowl, o Vaticano da cultura norte-americana. Há incontáveis filmes desses. Os terroristas, por acaso, são absurdamente incompetentes. Não sabem atirar direito. Não conseguem operar nenhum equipamento. Um norte-americano ou israelense impede cem terroristas árabes.

A propósito, não sei se você está ciente disto, mas a maioria dos terroristas, os muçulmanos e os árabes, é interpretada por israelenses. É bem espantoso. Nunca usam atores árabes; acho que não conseguiriam encontrar um ator árabe que concordasse em fazer esses papéis. Existe um pequeno, porém próspero, segmento de mercado em Israel que produz figurantes e atores justamente para esses papéis de árabes que levam tiros e morrem. Dois ou três norte-americanos contra centenas, talvez milhares, de árabes que não sabem fazer nada direito.

Além de ser pintados como seres totalmente incompetentes, os árabes nunca têm uma conversa normal. Eles berram uns com os outros. Gritam e ladram.

Na mente da população, esses berros provavelmente são ouvidos como se fossem imprecações, maldições corânicas. Não dizem nada além disso. "Corânica" é uma palavra surpreendente, pois pode abarcar quase tudo de que você não gosta.

Há alguns filmes de nível intelectual um pouco mais interessante, como Lawrence da Arábia *e* O céu que nos protege. *Seguem o mesmo padrão.* Jogos patrióticos *é um filme recente com Harrison Ford no qual terroristas do IRA são treinados por líbios no deserto. Você comentou que poucas palavras árabes entraram na língua inglesa no século XX, como* jihad, *intifada, harém e xeique. Acho que isso realmente mostra o contraste: umas se referem à violência e outras à sensualidade.*

Intifada é uma palavra recente associada a um levante político específico que, no geral, considero positivo, uma revolta contra a ocupação colonial. Foi adotada durante alguns dos grandes levantes no Terceiro e no Segundo Mundo, na Europa Oriental e no mundo não Europeu, em geral durante o fim da década de 1980. Em Praga as pessoas vestiam camisetas da intifada na Revolução de Veludo. Quando estive na África do Sul no ano passado, uma das coisas marcantes foi que, principalmente porque Mandela fez essa relação, havia uma sensação cordial de associação entre os palestinos que combatiam a ocupação israelense e a luta contra o *apartheid* na África do Sul. A intifada foi mesmo o ponto crucial.

Durante a preparação daquela palestra que mencionei, fui pesquisar na biblioteca pública. Boulder é uma cidade bem progressista e liberal. Examinei o que tinham na biblioteca. Descobri 257 livros sobre o cristianismo, 160 sobre o judaísmo e 63 sobre o Islã. Considerando o fato de que há pouquíssimos muçulmanos em Boulder, é uma coleção bastante generosa de livros sobre o Islã. Mas aí você dá uma olhada nos títulos e chega a outras conclusões. Alguns dos livros são: The Islamic Bomb *[A bomba islâmica],* March of Islam *[A marcha do Islã],* Militant Islam *[Islamismo militante],* Holy Terror: Inside the World of Islamic Terror *[Terror sagrado: dentro do mundo do terror islâmico],* Sacred rage *[Ira sagrada],* The Crusade of Modern Islam *[A cruzada do islamismo moderno],* Entre os fiéis, *o livro de Naipaul, e meu favorito,* Banditry in Islam *[Banditismo no Islã]. Então dei uma olhada nos títulos dos livros cristãos e judaicos, esperando encontrar* A bomba judaica *e* Banditismo no cristianismo. *Nada.*

Aí está uma noção que já critiquei muito, esse fenômeno que você descreve; porém, existe também o outro lado da moeda. O mundo árabe e islâmico não presta muita atenção em nada disso. Os intelectuais árabes ou islâmicos precisam fazer um esforço para lidar com as questões levantadas pelo Ocidente. Os livros que você mencionou devem ser refutados, é claro. Mas deve haver também uma tentativa de apresentar uma visão alternativa do Islã, que não só conteste essas perspectivas como também incorpore a realidade do Islã, que é muito diversa e no geral bastante benigna. Durante as comemorações de 1492-1992, achei curioso que os países árabes no Ocidente tenham feito tão pouco esforço para descrever a civilização andaluza, que é um dos pontos mais altos em virtude do seu ecumenismo, do esplendor das suas conquistas estéticas e intelectuais, mas também porque oferecia um modelo alternativo à visão essencialista do Islã que se tem hoje. Ou seja, um Islã que não só é tolerante como também incentiva a coexistência das diversas comunidades. Esse é o modelo.

Contra ele, em grande parte em função da luta entre os palestinos e Israel, surgiu uma nova visão do Islã como essencialmente intolerante, reacionário e, acima de tudo, como uma religião chauvinista que não tolera a diversidade, que não tolera o outro. Mas há uma diferença entre o "outro" no sentido geral, que é a maneira como Bernard Lewis sempre fala disso, e o "outro" representado por Israel. Afinal, Israel consiste em uma incursão não em território árabe, mas em território ecumênico.

Quando eu era criança, a Palestina era um lugar em que as três crenças conviviam, talvez não em perfeita harmonia, mas certamente melhor do que na Europa de então. Nasci no fim de 1935, quando os judeus estavam prestes a ser massacrados no continente europeu e viviam em algumas pequenas comunidades na Palestina. Na época não se sabia que estas comunidades planejavam se tornar muito maiores e, na realidade, tomar o país dos seus habitantes originais, os palestinos. Em vez disso, dissemina-se a imagem de um Islã determinado a destruir o outro. Essa representação constante do Islã nunca foi, em minha opinião, realmente contestada pelos muçulmanos no Ocidente, que pensam que é tudo apenas propaganda. Critico muito os Estados árabes, por exemplo, em relação à sua política da informação, que não mostra que isso não só é errado como também pode ser refutado. Sou otimista. Acho que as pessoas podem mudar de ideia. Acho que, se conhecerem uma visão diferente do mundo árabe e islâmico, as pessoas no Ocidente podem abrir a cabeça para outra perspectiva.

Você observou que, em muitas faculdades e universidades árabes não existem departamentos que estudam os Estados Unidos.

Não existe uma única universidade árabe hoje que seja exclusivamente dedicada ao estudo do Ocidente ou, especificamente, dos Estados Unidos. Mencionei isso na Universidade de Birzeit (Cisjordânia) na minha viagem de junho de 1992. Disseram-me: não só não temos um departamento de Estudos Norte-Americanos aqui – ainda que os Estados Unidos representem a força externa mais poderosa na região – como também não temos um departamento de Estudos Hebraicos e Israelenses. Afinal, Israel é a potência ocupante. É necessário dar atenção ao estudo sistemático do Estado, de sua sociedade e do modo como afetam a vida árabe, o que ainda não aconteceu. Tudo isso faz parte do legado do imperialismo.

Também está contido aí um certo chauvinismo.

Não é só chauvinismo; há uma sensação de que isso não deve ser desafiado. A ausência de oposição me irrita bastante. O que distingue as pessoas no mundo árabe contemporâneo das dos anos 1950 e 1960 – e certamente das dos anos 1930 e 1940 – é a atitude de querer desafiar o imperialismo. Agora existe um grande medo. Os palestinos e os outros povos correm para os Estados Unidos como se eles fossem um tribunal de última instância e um verdadeiro companheiro da justiça. Há muito pouca consciência. Certamente esse é o caso nas negociações de Washington e Madri. Tem-se uma noção muito pequena da história dos Estados Unidos. Foi Baker que disse que, sim, queriam muito a nossa presença nas conversações de paz, que realmente podíamos confiar na sua palavra, e isso acabou resultando em uma tremenda decepção.

Isso pode ser uma generalização: nunca viajei muito pelo mundo árabe, mas pelo contato que tive notei que eles têm noção de que os árabes, particularmente os palestinos, são a parte lesada, que foram atropelados de modo selvagem – tal tese poderia ser defendida eloquentemente – e que, como sua causa é justa, isso será descoberto. Assim, na realidade, não precisariam defender tese alguma.

Está absolutamente certo. Tem-se a noção de que a sensação de estar correto, além da retidão do caso, não exigem que mais nada seja feito.

Allah Karim[1] *é mais ou menos a filosofia constante.*

Receio que seja uma atitude nada gramsciana.

Vamos falar do seu artigo de dezembro de 1992 na Harper's, *"Palestine, Then and Now" [Palestina ontem e hoje]. Foi muito tocante. Fiquei bastante emocionado. Há uma forte sensação de tristeza e pesar que o permeia. Você usou adjetivos como "pesaroso", "soturno" e "melancólico". "Acre é um lugar muito triste." Foi uma espécie de jornada para "enterrar os mortos", como se fosse uma testemunha. Você estabelecia uma ligação entre seus filhos e o passado.*

---

1 "Deus é generoso." (N. E.)

Achei que seria importante que eles soubessem. Nunca foram à Palestina. Nunca viram o lugar onde nasci e cresci. Não acredito muito em raízes, para falar a verdade. Acho que se pode exagerar a importância delas. Mas a Palestina é um local incomum. Seja você de lá ou não, é certamente algo que o afeta. A situação do Oriente Médio recebe enorme atenção, infelizmente muito devido à propaganda israelense. Então meus filhos cresceram conhecendo a Palestina basicamente por meio dessas reflexões em segunda mão que se vê na mídia, lendo sobre ela, e visitando países como o Egito, o Líbano e a Jordânia. Eles tinham a sensação de pertencer a uma comunidade, mas desconheciam as particularidades da comunidade à qual seu pai pertencia. Assim, nesse sentido, foi muito importante.

O processo de escrever sobre a experiência foi bem difícil. Acho que usei apenas cerca de 10% ou 15% da enxurrada de impressões que me ocorreram e das memórias que foram estimuladas pela viagem. Ficamos lá por cerca de dez dias e fomos a tudo quanto é lugar, foi difícil escolher. De modo geral, tive dois sentimentos contraditórios. O primeiro foi a sensação de prazer de retornar a um lugar que, de certa forma, eu ainda podia reconhecer. Eu estava ciente do quanto a Palestina havia sido transformada por Israel. Não sou da Cisjordânia, mas da região que em 1948 se tornou Israel, Jerusalém Ocidental, Talbiya. Lembro-me de Haifa, Jafa, a geografia da minha infância. Foi encorajador constatar que ela sobreviveu e que lá há uma presença árabe reconhecível, apesar das enormes reviravoltas e transformações dos últimos quarenta anos.

Por outro lado, foi muito difícil para mim notar que o local havia se tornado outro país, em alguns casos uma espécie de imitação de país europeu. Talbiya se parece com um subúrbio elegante de Zurique. Não há nenhum árabe ali. Fomos a Safad, local onde meu tio morava e que sempre íamos visitar; tinha ido lá pela última vez em 1947. Fiz uma visita em 1992, 46 anos mais tarde, e não havia um único árabe à vista. Tinham sido

todos expulsos. Então esses são locais de catástrofe para mim. Claro, na economia política geral de memórias e recordações que existe na cultura pública do Ocidente, não há espaço para a experiência palestina de perda. Então foi muito difícil.
Devo acrescentar que o artigo que você viu na *Harper's* gerou várias respostas de amigos, que escreveram dizendo o quanto gostaram de ler sobre o assunto e como ficaram tocados e entristecidos. Mas aconteceu algo para o qual não estava preparado: o artigo enfureceu muitos pró-israelenses, que escreveram as cartas mais irascíveis e lamentáveis. Afinal, eu estava só descrevendo uma viagem. Eles ficaram com raiva do simples fato de eu ter dito algo assim. Uma pessoa que alegava ser psiquiatra, por exemplo, prescreveu-me um hospital psiquiátrico, disse que eu deveria ser internado. Outras me acusaram de mentir. Enviaram cartas com conteúdos propagandistas inacreditáveis, as mais furiosas e histéricas, à *Harper's* e a mim. Isso mostra como a presença de uma voz ou narrativa palestina é inaceitável no discurso sionista oficial. Devemos notar que ainda não é permitida essa presença, embora esse discurso seja responsável pela destruição da Palestina e pelos horrores perpetrados contra uma população de quase cinco milhões de pessoas hoje. Ninguém assume a responsabilidade. Acho isso muito desanimador.

Talvez você esteja subestimando sua posição. Lembro-me de quando você veio para Boulder em 1990 e ficou surpreendido com os protestos contra sua palestra, com as pessoas distribuindo folhetos que o denunciavam. Você é uma figura significativa que atrai esse tipo de atenção.

Mesmo assim, parece-me desumano e intolerante. Se os muçulmanos tivessem feito isso, como já fizeram, por exemplo, com Salman Rushdie, haveria um coro de protestos dizendo que não se pode impedir alguém de falar. Há tentativas constantes de silenciar, vilanizar, chantagear e tornar miserável a vida das pessoas que ousam se expressar, o que considero absolutamente lamentável, principalmente porque muitas das vezes vem acompanhado de uma posição moralista sobre a necessidade de nos lembrarmos dos horrores do passado e da experiência judaica. Concordo plenamente que isso seja necessário, mas se você ousar falar de um holocausto concomitante – talvez não um holocausto, mas uma catástrofe, que chamamos de *nakba* e se deu conosco em consequência do Holocausto –, a destruição da Palestina não poderá se manifestar. E a avalanche de violência, ódio e veneno resultante é apavorante.

Vamos voltar à sua visita a Israel e à Palestina. Você chegou ao aeroporto de Lod, fora de Tel Aviv. Havia uma enorme sensação de apreensão e ansiedade. Você foi recebido por Mohammed Miari, que é um membro árabe-israelense do Knesset.

Foi cerca de dez dias antes das eleições. Infelizmente, Miari não foi reeleito.

Mas você observou a facilidade com que ele falava hebraico e se movia entre os israelenses. Você disse que "estava apreendendo a realidade das coisas", mas não continuou essa linha de pensamento. Por que não?

Era difícil descrevê-la. Eu achava que os palestinos viviam, como de fato vivem, como uma população minoritária subserviente em seu próprio país. Isso certamente é verdade. As vilas árabes dentro de Israel são mais pobres e recebem menos verbas para a educação do que os cidadãos judeus de Israel. No entanto, eu não estava preparado para ver a forma como os cidadãos israelenses palestinos viviam no Estado de maneira contestatória (não a descreveria como desobediente). Não são, de modo algum, mansos e submissos. Eles demonstram uma certa resistência. Miari é o exemplo perfeito, um verdadeiro guerreiro no Knesset. Pertence a uma minúscula minoria de cinco ou seis membros palestinos em um parlamento com uma maioria judaica esmagadora. Mas ele está longe de ficar calado. Como eu nunca tinha visto palestinos juntos de israelenses dentro de

Israel, fiquei surpreso e confiante. Sei que essa é uma observação mundana, mas a achei bem incomum, pois pensei que os palestinos tentassem ser discretos. Quando lá estive, não tive essa sensação. Senti que os palestinos dentro de Israel agiam e falavam como se aquele fosse o país deles. Não estavam lá por tolerância ou condescendência. Estavam lá porque pertenciam àquele lugar. Fiquei contente de presenciar isso. Certamente achava que eles deviam se sentir e agir daquela maneira, mas eu não tinha a mínima ideia de como as coisas de fato ocorriam.

A visita à casa da sua família em Jerusalém é descrita de modo muito comovente. É uma ironia que Swift teria apreciado, já que na casa onde você nasceu fica hoje a Embaixada Cristã Internacional, grupo fundamentalista cristão pró-sionista. Você disse: "Fui acometido de raiva e melancolia, de maneira que, quando uma mulher norte-americana saiu da casa com roupas para lavar e perguntou se podia ajudar, não tive forças para pedir para entrar".

Esse foi o único lugar onde, na minha opinião, não penetrei o bastante no meu passado. Senti que, durante a viagem à Palestina e a Israel, quando visitamos locais que eram importantes para mim, tanto devido a memórias pessoais quanto a associações políticas e mais recentes (em lugares como Hebron), eu entrava nesses lugares pela primeira vez com muito interesse e desejo de aprender. Mas ali eu senti algo que não senti em nenhum outro lugar na Palestina. Eu não queria saber. Simplesmente não quis entrar na casa, embora meus filhos tenham insistido para que eu entrasse. Apontei a janela do quarto onde nasci, que pode ser vista do lado de fora da casa, e disse que eu nascera ali. Eles disseram: "Papai, você não quer entrar e dar uma olhada?" Eu disse: "Não, não quero". Era como se uma parte do meu passado estivesse realmente encerrada e associada à queda da Palestina, um lugar que eu não podia investigar novamente, que eu não podia revisitar. Mas, de algum modo, foi suficiente para mim ver a casa do lado de fora.

Um dos subtítulos do ensaio é "Descendo em Gaza". Acho que a metáfora não passou despercebida para você; é realmente uma descida.

É o lugar mais assustador em que já estive na vida.

Antes de irmos – não digo isto no artigo –, o jovem palestino que nos levou de Jerusalém a Gaza disse à minha mulher e à minha filha: "Vocês não podem ir a Gaza com essa aparência, vestindo roupas ocidentais. Precisam vestir o véu. Devem cobrir a cabeça e os braços". Estávamos em pleno verão, um dia quentíssimo. Eu disse que ninguém tinha nos advertido. Ele continuou: "Não te disseram? Gaza é um lugar muito violento, e qualquer pessoa que seja ligeiramente diferente do tradicional, seja árabe ou israelense, é apedrejada. Nunca usem óculos escuros em Gaza, porque aí eles saberão imediatamente que vocês são estrangeiros e talvez espiões israelenses, e vão para cima de vocês". Existe toda uma mitologia sobre Gaza que nos predispõe a ter antipatia pelo lugar. Na realidade, quando você chega lá, encontra um local terrivelmente triste por causa do desespero e da miséria em que as pessoas vivem. Não estava preparado para ver acampamentos muito piores do que qualquer coisa que presenciei na África do Sul. Senti que o regime desumano e a ausência primitiva ou até mesmo bárbara de infraestrutura que encontrei ali eram um grande crime contra a humanidade, imposto em última instância pelos israelenses. Ninguém governa aquele lugar. A intransigência e a rebeldia de muitas das pessoas, certamente dos jovens que encontramos, são explicadas precisamente por essas circunstâncias – contra as quais ninguém se manifesta, exceto alguns gatos pingados como Gloria Emerson. Ninguém fala de Gaza.

Você escreveu: "Nada do que vi na África do Sul se compara com Gaza no que diz respeito à miséria. No entanto, Israel é isentada da crítica universal recebida pela África do Sul. De algum modo [Somehow]*, Israel é vista como se o país não tivesse relação com as práticas norte-americanas". "De algum modo" é uma expressão um pouco imprecisa. Não é mágica.*

Não, claro que não. Mas, como não consigo entender, escrevi "de algum modo". Isso é algo que eu não consigo explicar. As pessoas que conhecem a situação de Gaza têm muita dificuldade de estabelecer uma relação com as práticas do governo israelense. Fico surpreso com o fato de não ter havido uma grande campanha ocidental por parte dos acadêmicos contra o fechamento das instituições educacionais da Cisjordânia e de Gaza, que mais pessoas não tentaram chamar atenção para esse fato. Ninguém, em nenhuma das notícias que vi, associou o tipo de resistência praticado pelo povo de Gaza com a situação que foi criada pelos israelenses, que tentaram rebaixá-lo a uma existência animal. Ninguém expressou essa ideia, o que para mim é algo fora do normal.

Como disse o primeiro-ministro Rabin, o mundo é hipócrita quando o assunto é deportação. Fazem todo esse estardalhaço por conta dos 415 deportados palestinos. Onde as pessoas estavam quando 300 mil palestinos foram deportados do Kuwait? Temos de concordar com ele.

Sim, ele tem toda razão. A diferença é, obviamente, que em primeiro lugar Israel é responsável pela destruição de um país inteiro, que ocorreu em 1948, e pela expulsão da maior parte da sua população. Em segundo lugar, Israel realiza uma ocupação colonial, fazendo pouco caso de dezenas de resoluções do Conselho de Segurança da ONU, na Cisjordânia e em Gaza, desde 1967. Em terceiro lugar, um ponto que para mim é muito mais importante: o Kuwait e sua reação aos palestinos são lamentáveis. Eles têm uma péssima reputação no Ocidente. São motivo de piada. São um bando corrupto e medíocre. Estou me referindo às famílias que governam o país, que merecem ser responsabilizados. Os Estados Unidos lutaram uma guerra em nome deles, obviamente por causa do seu petróleo, e ponto final. Ninguém mais lhes dá crédito.

Israel é o afilhado moral do Ocidente. Israel é celebrado, saudado, e recebe centenas de milhões de dólares. Desde 1967, foram concedidos 77 bilhões a cidadãos israelenses apenas pelos Estados Unidos. Desse modo, eles são, sim, passíveis de críticas desse tipo. Israel ignora as resoluções das Nações Unidas. Portanto, acho que Rabin está certo apenas em parte. Na minha opinião, ele é um criminoso de guerra em última análise, pois foi responsável direto pela transformação de 50 mil palestinos de Lida e Ramla em refugiados em 1948. Ele fala disso em suas memórias. Ninguém faz esta pergunta a ele. "Mas você não vê, senhor Rabin, a continuidade entre o que você fez em 1948 no exército, na Haganá, e o que você fez agora?" Essa continuidade existe. Esse é o mesmo homem que expulsou 50 mil pessoas em 1948 e recentemente chutou mais 415 para fora. O que é ainda mais deplorável é que Rabin é considerado um homem de esquerda. Ele é membro da Internacional Socialista. Em seu gabinete, muitos esquerdistas, do partido Meretz, votaram com ele a favor das deportações. Durante esse processo, ninguém questionou o porquê dessa extraordinária congruência entre, de um lado, os liberais e a esquerda e, de outro, as deportações e as expulsões.

É importante observar que a ideia de se livrar dos palestinos tem sido uma constante no pensamento sionista desde o início do século XX, seja ele de esquerda, de direita ou de centro. Todos os grandes pensadores sionistas sempre falaram da transferência dos palestinos, da sua expulsão, de se livrar deles, de fazê-los sumir. Assim, existe uma continuidade que está lá desde o princípio. Não é uma aberração da parte de Rabin.

Você disse que o inimigo dos palestinos, no fim das contas, não é o esquecimento ou a marginalização, mas o "silêncio: de estar ciente e dar as costas". Eu acrescentaria que o tempo também é seu inimigo.

Eu sei. O tempo é nosso inimigo. Mas, por outro lado, uma das maiores conquistas da luta palestina nos últimos vinte anos é que cada vez mais palestinos estão determinados a permanecer nessa terra. Enquanto estivermos aqui, criamos um problema para eles. Esse é o principal. Não tenho dúvidas de que, em última instância, eles querem se livrar de nós. A ideia de que Shamir queria reter para sempre as terras de Israel e que Rabin é diferente é uma tremenda baboseira. Seu discurso é diferente. Ele é muito mais convincente quando fala de *hasbara*,[2] das informações no Ocidente para os góis, mas em essência a ideia é a mesma. O melhor que pode acontecer aos palestinos é se desfazer deles; e se eles não se deixarem ser desfeitos, assinamos um acordo com eles que vai tornar sua vida tão intolerável que ficarão ávidos para ir embora. Na minha opinião, esse é o plano. Se você ouvir algo sobre reconciliação e paz, pode saber que é o discurso de uma minoria. A filosofia da maioria sustenta uma noção fundamental de *apartheid*, a noção de que os palestinos têm de ir embora.

Por que digo isso? Não porque tenho raiva deles, nem porque perdi a esperança, mas em grande parte porque simplesmente não existe um segmento significativo da opinião pública israelense que já expressou um ponto de vista sobre os palestinos diferente esse. Existem alguns visionários, como o professor Shahak, o professor Leibovitz, os membros da B'Tselem, o grupo de observação dos direitos humanos etc. Eles acreditam na coexistência com os palestinos baseada na igualdade. Mas a premissa sionista básica, que orienta não só as negociações como também o *status quo* da situação atual, é que os palestinos devem ser inferiores, se possível fora de lá. Nunca existiu uma alternativa convincente dentro do pensamento majoritário sionista. Isso vale tanto para os judeus norte-americanos que são sionistas quanto para os judeus israelenses.

---

2 Termo hebraico que, literalmente, significa "explicação, esclarecimento". É empregado para designar as ações de comunicação que procuram defender um ponto de vista o ponto de vista do Estado de Israel na opinião pública internacional. (N. E.)

É o processo exemplificado por aquele termo que você sempre ouvia em Gaza, maut batiq, *ou morte lenta.*

Exatamente.

Stephen Daedalus diz, em Ulysses, *que a história é "um pesadelo de que tento acordar". Quando está acordado, o que você vê?*

Ao contrário de Stephen Daedalus, não acredito que a história seja um pesadelo. Não adoto esse ponto de vista. A história é um lugar de muitas possibilidades. Não acho que na atual configuração política, tanto no Oriente Médio quanto nos Estados Unidos, vá acontecer alguma mudança de verdade. Isso só se dá muito lentamente, em decorrência da educação. A educação é um instrumental fundamental. Sem uma cidadania autoconsciente, cética e democrática, não há esperança de mudança política para melhor, neste país ou no Oriente Médio. Isso está ocorrendo muito lentamente.

Você conclui o artigo na Harper's *assim: "Para mim seria muito difícil viver lá. Acho que o exílio é um estado mais livre. Mas posso sentir e às vezes ver um futuro diferente, de uma forma que antes não era capaz". Isso me fez lembrar de um verso de T.S. Eliot que você já citou em outros lugares: "Aqui a união impossível de distintas esferas existenciais é real. Aqui o passado e o futuro são conquistados e reconciliados". Esse é o seu ponto de vista.*

Com certeza, e acho que isso é possível quando se tem um ponto de vista. É por isso que considero a cultura tão importante. Ela oferece uma alternativa visionária, uma distinção entre a fixação com o presente e a visão míope que temos do mundo cotidiano, que não nos permite enxergar além da incrível desvantagem de poder e *status* que existe contra os palestinos, por exemplo, e a possibilidade de sonhar um sonho diferente e enxergar uma alternativa. Aprendi isso muitos anos atrás com um grande crítico inglês, Raymond Williams, que mais do que ninguém me ensinou a noção de sempre pensar na alternativa. Não apenas sonhar – que algo é um tanto desligado do mundo –, mas também que para toda situação, não importa quão dominante, há sempre uma alternativa. Precisamos nos condicionar a pensar na alternativa, em vez acreditar no que é amplamente aceito, no *status quo*, ou crer que o presente está congelado.

4
O acordo entre Israel e a OLP: uma avaliação crítica
27 de setembro de 1993

O acordo assinado em Washington entre o governo israelense e a OLP, em 13 de setembro [de 1993],[1] *foi aclamado pela revista* Time, *por exemplo, como "um avanço histórico". Thomas Friedman o descreveu no* New York Times *como "o equivalente do Oriente Médio à queda do Muro de Berlim". O acordo, segundo ele, representa "o triunfo do realismo sobre o fanatismo e da coragem sobre a covardia política". Qual é a sua leitura dos acontecimentos em Washington?*

Acho que é uma ruptura histórica de enormes proporções, mas, principalmente para os palestinos, representa um instrumento de capitulação. Na verdade, Thomas Friedman, que celebra esse acerto, de vez em quando deixa escapulir uma avaliação mais honesta. Em um de seus artigos, ele se refere ao acordo como a "rendição" palestina. E creio que isso seja mesmo a verdade. Há certas coisas positivas que vou abordar daqui a pouco, mas

1 Referência aos Acordos de Oslo, então obtidos com a mediação do presidente dos Estados Unidos, Bill Clinton, e assinados por Isaac Rabin (Israel) e Yasser Arafat (OLP). (N. E.)

é importante citar fontes diferentes desse coro que aprova tudo de maneira impensada. Por exemplo, em um programa de televisão três semanas atrás, o ex-secretário de Estado James Baker estava sendo alfinetado por Cokie Roberts, que ficava dizendo: por que Israel confiaria na OLP? Afinal, Arafat é um terrorista, eles nunca cumprem suas promessas, e por aí vai. Um tanto exasperado, Baker disse: "Cokie, o fato de eles confiarem ou não em Arafat é irrelevante. A verdade é que eles não fizeram concessão nenhuma". E em uma entrevista na BBC que dei simultaneamente com Amos Oz, um israelense "conciliatório", Michael Ignatieff perguntou a ele: "O que você acha do acordo?", almejando uma declaração curta, que resumisse a questão. Oz respondeu: "Bem, 13 de setembro de 1993 é o dia da segunda maior vitória do sionismo na história, atrás apenas da criação do Estado de Israel em 1948". Acho que até certo ponto todos esses comentários são reveladores.

Quanto aos elementos positivos do acordo, temos obviamente o reconhecimento da OLP por parte de Israel. Mas a OLP é reconhecida como "a" representante, e não como a única e exclusiva representante do povo palestino. Mas se analisarmos a questão só por esse ponto de vista, não perceberemos o imbróglio do reconhecimento, pois do outro lado o reconhecimento de Israel e do seu direito de existir por parte da Palestina, fórmula que aliás não existe nas relações internacionais, também vem acompanhado de uma série de renúncias por parte da OLP, inclusive a renúncia à violência e ao terrorismo. Isso indica, obviamente, que se tratava de uma organização terrorista que agora se reformou, ao passo que para o seu povo e a maior parte do mundo, exceto Israel e os Estados Unidos, a OLP é uma organização de libertação nacional e autoridade nacional. Assim, a caracterização de todos os atos de violência, que alguns podem interpretar como uma resistência à violência muito superior de Israel, foi renegada e admitida como terrorismo e violência. Em minha opinião, essa é uma caracterização vergonhosa da história do

movimento palestino de resistência, que há pelo menos cem anos vem se opondo sem sucesso à invasão sionista da Palestina e, infelizmente, nunca conseguiu reaver nenhum território.
Além disso, no reconhecimento está contida a noção de que a OLP e Israel agora vão negociar com base nas Resoluções 242 e 338,[2] que, na verdade, nem sequer mencionam os palestinos. E ao fazer isso, como a história já provou, a OLP está desistindo de todas as outras resoluções aprovadas pela ONU desde 1948, inclusive a 194,[3] que diz que os palestinos refugiados por conta de Israel em 1948 têm direito a compensação ou repatriação. Até os Estados Unidos votaram a favor dela, e todo ano ela é aprovada pela Assembleia Geral. O que ficamos sabendo agora é que os representantes tanto de Israel quanto da OLP na ONU estão se reunindo para modificar, revogar e renegociar todas essas resoluções da ONU, inclusive aquelas que condenam Israel pelos assentamentos, pela anexação de Jerusalém e das Colinas de Golã, pelos maus-tratos infligidos à população civil sob ocupação e assim por diante, resoluções das quais a OLP está lentamente desistindo.
Além disso, e isso, para mim, é bastante perturbador, a OLP aceitou a ideia de que não está negociando os direitos nacionais dos palestinos e a autodeterminação. O que está sendo negociado é a autonomia interina limitada dos residentes da Cisjordânia e de Gaza. Assim, tanto na troca de cartas quanto na declaração de princípios que Israel e a OLP assinaram naquele dia, não há menção aos palestinos que não moram na Cisjordânia ou em Gaza. Isso representa mais de 50% da população palestina, que

2 A Resolução 338 do Conselho de Segurança da ONU, aprovada logo após o início da guerra do Yom Kippur, em 22 de outubro de 1973, exige o cessar-fogo de ambas as partes e a aplicação da Resolução 242 (ver p.54). (N. E.)

3 Resolução aprovada em 11 de dezembro de 1948 pela Assembleia Geral da ONU, determinando o fim da Guerra Árabe-Israelense e o direito dos refugiados palestinos de retornarem a seus lares em Israel. (N. E.)

agora são pessoas sem Estado no Líbano, na Síria, 1,4 milhões na Jordânia e por aí vai. E tudo isso foi jogado fora.

A cerimônia em si, se você a assistiu na televisão como eu – fui convidado, mas me recusei a comparecer, pois para mim não era uma ocasião de celebração, e sim de lamentação –, foi de muito mau gosto. Em primeiro lugar, lá estava Clinton, como um imperador romano trazendo dois reis vassalos à sua corte e fazendo que apertassem as mãos na frente dele. Depois, houve um verdadeiro desfile de moda com as estrelas. E o mais lamentável de tudo foram os discursos, nos quais o primeiro-ministro israelense, Rabin, falou sobre a Palestina cheio de angústia, com uma ansiedade e incerteza dignas de Hamlet, mencionando perda, sacrifício e assim por diante. No fim, fiquei com pena de Israel. Já o discurso de Arafat foi, na verdade, escrito por empresários e consistia em um discurso de negócios, à moda de um contrato de aluguel. Foi uma tristeza. E como ele não disse nada sobre o sacrifício do povo palestino, acabou não mencionando o povo palestino de forma séria. Por isso achei um evento extremamente triste. Tive a impressão de que o discurso de Arafat, a ocasião, a cerimônia e toda a situação, estava tudo alinhado com o conteúdo do acordo, que também torna os palestinos dependentes subordinados dos israelenses, que continuarão a controlar a Cisjordânia e Gaza no futuro próximo.

Em seu livro mais recente, Cultura e imperialismo, *os grandes temas das relações entre superiores e subordinados, colonialismo, racismo e imperialismo são refratados pelo prisma da literatura. Também ouço ecos de muitas dessas questões naquela ensolarada manhã de segunda-feira na Casa Branca.*

A chave dessa questão, do meu ponto de vista, algo que acabou me fazendo renunciar ao Conselho Nacional Palestino (CNP) no fim do verão/princípio do outono de 1991, foi a forma como a OLP, que antes era uma organização de luta, ou ao menos uma organização que representava o espírito da luta palestina – não pela morte dos judeus, mas por direitos, por liberdade e igualdade –, ao entrar no processo de Madri, subordinou-se aos Estados Unidos e a Israel. Foi isso que tornou a cerimônia tão perturbadora.

Foi em vários sentidos o momento mais importante de Arafat. Desde então, ele já disse por aí, inclusive à imprensa árabe: você sabe o que significa ser convidado para a Casa Branca? Coisas desse tipo. É uma espécie de "mentalidade do negro" [*nigger mentality*], o negro do homem branco, de que finalmente chegamos lá e eles nos deram um tapinha nas costas e nos aceitaram, então podemos nos sentar nas belas cadeiras deles e conversar. Mas, ao mesmo tempo, para muitos palestinos – não estou falando dos que foram às ruas em Jericó e Gaza, que podem ter sido pagos para protestar, não tenho certeza – aquilo foi um ato de afronta surpreendente e subordinação permanente, como se os Estados Unidos possuíssem a chave para o nosso futuro todo, enquanto existe uma amnésia total em relação ao que esse país fez com nosso povo de 1948 até este último ano.

Não se esqueça de que durante o período das negociações secretas – que não começaram em Oslo e sim no outono de 1992, entre alguns altos oficiais da OLP, consultores palestinos e especialistas em segurança de Israel, negociando na American Academy [of Arts & Sciences] em Boston –, eles estavam negociando futuros planos de segurança para a Cisjordânia e Gaza, principalmente para a segurança de cidadãos israelenses. Ninguém nunca disse nada sobre a segurança dos palestinos.

Então foi aí que tudo começou. Durante esse período, de outubro até setembro daquele ano, tivemos o pior período de opressão na Cisjordânia. Mais pessoas foram mortas no início do ano, vinte ou trinta pessoas em Gaza, muitas delas crianças com menos de quinze anos. Essa foi a época das deportações. Em dezembro, Israel deportou 415 palestinos, alegando que eram todos terroristas, e os despejou pela fronteira com o Líbano. Esse foi o período de fechamento dos territórios. Não só de fechamento:

quando estive lá, dava para ver que tinham colocado barricadas em todas as estradas. Israel controla todas as estradas. Assim, a circulação dentro dos territórios ocupados ficou muito difícil. E foi durante esse período que eles negociaram um acordo secreto, que não dizia nada sobre nenhuma dessas coisas; as expulsões, por exemplo, não foram sequer mencionadas, nem os 14 ou 15 mil prisioneiros políticos.

Portanto, Arafat foi responsável por um feito de autodestruição nacional impressionante, seguido pela maneira lamentável como ele disse no fim do discurso: "Obrigado, obrigado, obrigado". Agradecer aos Estados Unidos por quê? Agradecer a Israel pelo quê? Um mês e meio antes, Israel havia invadido o Líbano e declarado publicamente que iria criar – e de fato criou – entre 400 mil e 500 mil refugiados no sul do Líbano. Nada disso foi mencionado. Por isso, é uma questão que nos preocupa bastante.

Você tem um mau pressentimento há bastante tempo, antes mesmo da sua renúncia ao Conselho Nacional Palestino. No final dos anos 1980, você é citado em uma entrevista dizendo que a OLP, o movimento, é "dominado por interesses de classe que não são de forma alguma progressistas. Existe uma confluência enorme da alta burguesia na OLP" e, como você acabou de insinuar, "uma dependência ideológica nos Estados Unidos".

Na verdade, eu falava essas coisas havia pelo menos dez anos. Passei o verão de 1979 em Beirute e dei uma série de palestras e seminários sobre a relação entre o mundo árabe e os Estados Unidos. Em uma das conferências públicas, perguntaram-me sobre a questão das negociações. Respondi que não tinha dúvidas de que a OLP negociaria com Israel. Não é isso que me preocupa. O que me preocupa é que tipo de negociação surgirá daí, a que fim os acordos servirão e de que tipo de independência e, acima de tudo, de Estado palestino falamos. Os meus medos eram, se você me permitir eu falar isso, bastante visionários, pois eu já me preocupava que seriam os interesses não da grande massa de palestinos, que são basicamente pobres ou sem Estado e certamente sem terra, mas dos mais altos escalões da OLP; ou seja, burgueses dependentes ideologicamente dos Estados Unidos e do capitalismo, sem nenhum interesse sério de reformar não apenas a estrutura da sociedade palestina, mas também do mundo árabe do qual fazemos parte. E é por isso que tínhamos tantos aliados no mundo árabe. Não porque estávamos tentando pegar um pedaço de terra, mas porque representávamos uma luta secular pela liberdade, pela democracia e, acima de tudo, pela transformação social e ideológica. Isso nunca aconteceu.

Até que ponto você acha que Arafat e as pessoas ao seu redor carregam um racismo internalizado e uma atitude colonialista?

Não sei mesmo. É difícil penetrar na psicologia de pessoas que não vejo com frequência. Mas certamente senti que houve uma mudança qualitativa na liderança palestina e na liderança da OLP após 1982, após o desastre da invasão do Líbano por Israel e o fato de a liderança palestina ter sido forçada a deixar o Líbano – sob as ordens e com a cooperação dos Estados Unidos – e instalar-se em Túnis. Durante a década de 1980, a liderança palestina em Túnis perdeu contato com seu povo e, em minha opinião, com sua missão. Fiz diversas visitas e fiquei sempre incrivelmente decepcionado ao sair.

Ainda acredito que a OLP é a única instituição que temos. Ela não pertence a Arafat e aos poucos indivíduos que ainda o cercam, basicamente bajuladores, mercenários, enfim, gente desse tipo, mas é uma instituição nacional. Porém, durante a década de 1980, percebi que a ideia que o povo fazia da OLP era quase sempre risível. As pessoas costumavam rir de Arafat e de sua postura. Obviamente, foram surpreendidos pela intifada, mas conseguiram lidar com ela. A maior conquista da década passada foi o encontro do CNP em 1988 em Argel. Mas, em certo sentido, isso foi imposto à OLP pelos acontecimentos em meio ao

povo e pelo espetacular sucesso da insurreição anticolonial em massa que foi a intifada.
Mas acho que o declínio final ocorreu com a Guerra do Golfo. Eles estavam isolados, com noções fantasiosas de enormes proporções. Lembro-me de que, até dezembro de 1990, as principais lideranças da OLP estavam em Nova York e me diziam ao mesmo tempo que; não ocorreria uma guerra, quando estava claro para todos neste país que ela aconteceria, sim; e que se houvesse uma guerra, o Iraque certamente venceria. Certo indivíduo, o segundo ou terceiro no comando da organização, disse-me que o Iraque tinha armas de que a gente nem sequer tinha ouvido falar. Eles destruiriam os Estados Unidos. Assim, esse foi essencialmente o equívoco tático, estratégico e ideológico de apoiar e ser apoiado por um governo como o de Saddam Hussein. Senti que a partir daí a situação não podia mais ser remediada, principalmente porque não era possível responsabilizar ninguém; não havia mecanismos para fazer isso.
Depois de 1990, quando meu amigo Shafiq al-Hout tornou-se membro do Comitê Executivo em 1991, em parte devido aos esforços de Mahmoud Darwish e aos meus, constatou-se que Arafat tinha total controle sobre as verbas. Ninguém podia assinar cheques a não ser ele. Era a única pessoa que sabia para onde o dinheiro ia. E quando seu avião caiu na Líbia, na primavera de 1992, isso causou consternação nas pessoas, que disseram: e agora quem vai pagar o nosso salário? Porque ele era o único homem que sabia onde ficava o dinheiro.
Então, acho que tudo isso criou uma paralisia ideológica que, em minha opinião, era propícia para uma solução rápida, súbita, dramática e até teatral, que no final das contas foi tomada exclusivamente para assegurar a sobrevivência da liderança tradicional da OLP.

No caso dos estereótipos culturais vigentes no Oriente Médio, creio que eles são reforçados por essa noção de negociação secreta.

Sim. O estereótipo agora por parte dos palestinos, com o qual tenho um grande envolvimento, representa minha principal "luta", embora não goste de chamá-la assim, pois significaria engrandecê-la mais do que ela merece; de qualquer forma, meus esforços com respeito à liderança da OLP consistiam em tentar explicar como os Estados Unidos funcionavam, mostrando que a pior coisa que poderíamos fazer era exatamente o que foi feito no período de [Ronald] Reagan e [George] Bush, ou seja, depender da potência atual e nos aliar exclusivamente a ela. Foi por isso que o acordo de Madri foi consumado. Neste caso, foram o presidente e aquele governo específico, na esperança totalmente equivocada de que alguém importante, de preferência um homem, fosse capaz de oferecer uma solução se nos aproximássemos dele o bastante, se lhe prometêssemos coisas, se conseguíssemos mostrar que mais tarde agiríamos de acordo com os interesses dele. Tentei explicar a eles que os Estados Unidos não eram iguais à Síria; que não era possível encontrar um Hafez al-Assad, um assistente dele ou um ministro simpatizante para lhe abrir as portas; que os Estados Unidos eram uma sociedade complexa, que existia um *establishment*, que era e ainda é totalmente contrário às aspirações de autodeterminação e às mensagens políticas e sociais da Palestina. Havia a mídia, as universidades, as igrejas, as minorias, os grupos étnicos, as associações, o movimento operário. Todas essas coisas, eu venho dizendo desde o fim dos anos 1970, devem ser levadas em consideração. Mas eles não conseguiam fazer isso em virtude do estereótipo de que, se encontrarmos um homem branco proeminente, ele dará conta de tudo. Essa noção contaminou até mesmo as negociações e a delegação, que deveria ter tido mais discernimento.

Vou dar um exemplo. Na primavera de 1992, em abril, no meio das primárias presidenciais, um árabe amigo meu descobriu que o então candidato Clinton estava em Washington, hospedado bem próximo ou talvez até no mesmo hotel que a delegação palestina, que negociava com os israelenses. Esse amigo meu foi até a equipe de Clinton e disse: "olha, eu gostaria que o governador Clinton se encontrasse com os membros da delegação palestina". E Clinton disse: "sim, eu adoraria". Ele estava buscando apoio e ainda não havia se comprometido com Israel da maneira como faria mais tarde. Então esse amigo meu foi até a delegação palestina, mas eles se recusaram. Ele perguntou: "por que não?" Os membros da delegação disseram que não queriam, pois se os republicanos e o governo de Bush soubessem que eles entraram em contato com o candidato democrata ficariam muito aborrecidos e não chegaríamos a lugar algum. Então, não foram. Até mesmo depois das eleições em novembro – houve uma rodada de negociações em dezembro de 1992 em Washington, quando Clinton já havia sido eleito –, eles ainda se mostravam muito insatisfeitos com a ideia de se encontrar com um democrata, pois achavam que Baker ainda podia lhes dar algo no último mês de governo. Mas a realidade é que o governo Bush, que os palestinos apoiaram publicamente, já tinha garantido um empréstimo de 10 bilhões de dólares a Israel, já havia aprovado ou pelo menos não havia se oposto suficientemente às deportações de palestinos em dezembro de 1992. Tudo isso representa um estereótipo ideológico não dos norte-americanos em relação os palestinos, mas dos palestinos em relação os norte-americanos.

Foi algo extraordinariamente estúpido e ignorante.

Não há desculpas para a ignorância. Não estamos falando de palestinos que moram nos Estados Unidos. Deixando de lado os principais líderes, Arafat não sabe nada sobre o Ocidente e nunca morou nele. Mahmoud Abbas, o homem que assinou o acordo, nem sequer sabe falar inglês. Arafat não sabe ler nem escrever inglês com um mínimo de habilidade. Mas estou falando dos assessores. Muitos deles foram educados nos Estados Unidos e continuam tão deficientes ideologicamente quanto Arafat e seus conselheiros. Essa é a verdadeira tragédia. São os intelectuais, as pessoas que foram educadas neste país, que não usaram seus conhecimentos para fazer uma transformação da consciência, para que pelo menos tenhamos esperanças de lidar com os Estados Unidos com igualdade, compreendendo o país como um sistema e não como um amontoado de indivíduos de quem podemos ou não gostar.

Tenho a impressão de que há certo – detesto utilizar um termo tão carregado – tribalismo em ação nesse caso, com o zaeem *no topo, o líder do clã, o chefe, que não é questionado.*

Não sei se diria isso. Tribalismo é uma ideia vagamente racista. Não é isso. Acho que se trata de uma decisão social, política e ideológica o fato de que, em tempos de crise, a ideia que se faz do movimento nacional – que tem, infelizmente, para nosso descrédito, perpetuado esse tipo de noção – se atém a um estilo político que não é progressista mas autoritário, que também pode existir em países desenvolvidos. Isso pode ser visto em muitas partes da Europa com o retorno do autoritarismo. O que você chama de tribalismo eu chamo de xenofobia; é a ideia de que não importa o que os palestinos façam, eles estarão sempre certos só porque são palestinos. A liderança tem de ser apoiada. No nosso movimento, fala-se muito em democracia. As pessoas podem falar. Sempre fiz minhas críticas em alto e bom som. Mas a ideia de oposição institucional não existe; acredita-se que devemos apoiar o líder, que a opinião dele está certa. A tragédia é que alguns dos intelectuais em nosso movimento, que uma semana antes de o acordo ser revelado estavam se queixando da situação dentro da OLP – da forma como Arafat havia se isolado no poder, de como ele era autocrático, de como estava rodeado de lacaios, de como o círculo estava cada vez menor –, 24 horas depois da assinatura do acordo se tornaram defensores daquele grande gênio. Que coisa bela havia acontecido! Era como se a política fosse a política dos acordos secretos, dos grandes líderes e, de repente, dos acontecimentos transformadores ou até de milagres, uma espécie de visão teológica da política. Esse é o problema.

Quais são os detalhes do acordo e suas ramificações?

A visão geral agora é que o negócio foi fechado. O acordo está sendo celebrado por norte-americanos de todos os segmentos. Muitos judeus liberais, amigos do Paz Agora, críticos do Likud na América, também estão comemorando. Até mesmo os palestinos que estão desalentados com o acordo, eu inclusive, concordam até certo ponto em dizer: vamos torcer que isso nos leve a algo melhor. Não acho que ninguém foi enganado; ficou claro que o acordo foi feito entre duas partes com uma disparidade enorme de poder. Ainda assim, uma das declarações mais extraordinárias foi feita por Nabil Shaath, porta-voz de Arafat, que não tinha nada a ver com o acordo; só estava lá quando ele foi fechado. Na televisão, Shaath disse que a declaração de princípios estabelece uma "paridade" absoluta entre israelenses e palestinos. Tal absurdo, na minha opinião, não enganou ninguém. Nenhum palestino que eu conheça acredita nisso. Mas há esperança, por exemplo, entre os palestinos na Cisjordânia e em Gaza – com quem tenho falado constantemente desde que retornei de lá – de que ao menos exista uma chance de os israelenses se retirarem de algumas regiões. A fadiga de 26 anos de brutal ocupação militar e a esperança de que talvez haja um pouco mais de liberdade, de que talvez haja mais dinheiro entrando, de que as coisas possam melhorar em direção à independência, são compartilhadas por todos, inclusive eu. Mas, de maneira realista, não acho que possamos seguir em frente sem compreender o que o acordo diz e o que não diz.

Portanto, a primeira coisa a ser compreendida é que ele reflete nossa posição inferior em relação a Israel. Isso deve ser reconhecido. E nele estão os termos do vencedor. Precisamos entender que o acordo é um instrumento de capitulação em muitas das principais questões. Ele oferece aos palestinos um determinado grau de melhora, mas também impõe enormes restrições, muitas das quais são expressas em uma espécie de juridiquês que assinamos e aceitamos, ou que ao menos a liderança aceitou. Não é possível seguir em frente até entender o que o documento contém. Não se pode dizer: "Vamos ver se conseguimos fazer as coisas funcionarem até sabermos o que pode dar certo e o que não pode".

O primeiro ponto a ser compreendido são os efeitos de aceitar uma solução provisória – assim ela foi declarada –, uma declaração de princípios sobre o assentamento em fase interina. Temos direito aos territórios que nós e o mundo de forma geral, inclusive os Estados Unidos, sempre consideramos os territórios ocupados e, por conseguinte, devem ser liberados da ocupação. Esse acordo os coloca no mesmo nível dos territórios disputados. Assim, Israel disse, e nós aceitamos, que não vamos falar de soberania, que é a principal questão aqui, nem de controle. Vamos falar sobre autonomia e autogoverno limitado no período interino, deixando as questões dos assentamentos, da soberania, das terras, da água, de Jerusalém e assim por diante para o que foram chamadas de negociações finais, em que palestinos e israelenses vão apresentar suas reivindicações como semelhantes. As reivindicações são semelhantes, não as partes. Enquanto isso, Israel controla as terras.

É muito importante entender que sacrificamos o que havíamos ganhado com nossa luta na esfera internacional e no mundo árabe, especificamente a noção de que esses territórios são ocupados e não administrados. Israel até hoje, e certamente não no acordo, não se considera uma força militar ocupadora. Não há nada no acordo que diga que Israel finalmente vai se retirar. Diz que vai haver uma retirada em algumas áreas e que outras regiões receberão tropas novamente. Os assentamentos e todo o resto vão continuar. Então é importante compreender que Israel vai controlar, como disse Rabin na entrevista coletiva no dia da cerimônia, o acesso e a passagem pelo Rio Jordão, o mar, a costa de Gaza, as fronteiras internacionais entre Gaza e o Egito e entre a Jordânia e Jericó. Israel vai controlar as terras entre Gaza e Jericó, que se estendem por cerca de noventa quilômetros. E vai controlar a segurança e também as relações exteriores. Rabin insinuou na entrevista coletiva que a OLP deveria parar de gastar dinheiro com embaixadas, que agora existem às centenas, e direcionar o dinheiro para Gaza. De fato, nos últimos seis ou oito meses, muitas embaixadas da OLP, inclusive as de Londres, Paris, Holanda e Nova York, não têm recebido dinheiro da OLP. Alega-se que a organização está falida. Os salários não foram pagos etc. Vejo isso como um sinal agourento de que muitas embaixadas internacionais da OLP, inclusive sua representação em organizações internacionais como a ONU, serão fechadas.

Na verdade – e esse é o segundo ponto importante a ser ressaltado –, a OLP agora se tornou não apenas signatária dessa declaração de princípios como também um governo municipal. A retórica israelense é muito cuidadosa e precisa. Nunca disseram que a OLP é nada além de um partido político. Não é um partido nacional. Não é a representante nacional de uma nação. Não é a expressão da autodeterminação palestina. É um partido local, como o Likud, como o Trabalhista, que disputam com esses outros determinado poder. Então houve essa inclusão.

Em terceiro lugar, temos a questão do desenvolvimento. Embora tenham concordado que os palestinos terão controle relativo sobre áreas como o turismo, saúde, saneamento, tributação direta etc., quando o assunto é desenvolvimento, a principal premissa desse acordo é que haverá, pela primeira vez, um enorme influxo de verbas. Israel e palestinos formarão juntos o que é chamado de conselho de desenvolvimento. Mas Israel tem uma economia muito mais forte, que penetrou na Cisjordânia e em Gaza, de modo que 85% da economia nessas regiões depende de Israel, da indústria israelense, ou está sob seu controle. Isso também dá a Israel o controle sobre as verbas de desenvolvimento que entrarão. Assim, os projetos e interesses econômicos de Israel na Cisjordânia e em Gaza precisam ser atendidos juntamente com os palestinos. Dessa forma, quando as pessoas falam agora de enormes projetos do Banco Mundial, da Comunidade Europeia, do Estado árabe, tende-se a esquecer que Israel também tem um envolvimento nisso.

Acho que esse aspecto do desenvolvimento talvez seja o mais perigoso. Ficou bem claro que com esse acordo Israel reconquista oficialmente os mercados palestinos da Cisjordânia e de Gaza, que representam apenas locais para exportações, de mão de obra barata, que continuarão a trabalhar sob essas condições. Talvez, com a burguesia palestina, o empresariado desenvolva certas coisas que não têm nada que ver com o bem-estar das pessoas, como estâncias, hotéis e por aí vai. Esses são os primeiros projetos que estão sendo discutidos. A infraestrutura será, de certo modo, controlada pelos israelenses e, em menor grau, pelos palestinos. Isso também oferecerá aos israelenses um trampolim para o resto do mundo árabe. A Palestina se tornará uma ponte para a dinâmica economia israelense – que é muito mais organizada e forte em virtude de sua relação com os Estados Unidos e com o Ocidente –, o ponto de entrada para o mundo árabe, que é o que eles sempre quiseram.

Essas são todas deficiências incríveis do acordo. Um quarto aspecto: devemos lembrar que, ao longo desse período, o exército israelense permanecerá, assim como os assentamentos. O que isso significa, por exemplo em Gaza, é que aproximadamente 40% da região foi tomada por assentamentos e pelo exército. Assim, a retirada não dará aos palestinos o controle sobre Gaza – essa é a expressão que tem sido usada –, e sim a autonomia relativa da sua parte de Gaza, que eles precisarão controlar. Pior ainda, terão de impor a lei e a ordem por Israel, algo que os israelenses não foram capazes de fazer. Como Rabin disse na coletiva, os palestinos são os responsáveis pela segurança não só dos cidadãos palestinos de Gaza como dos israelenses que lá estão. Eles terão de passar pelos territórios palestinos notadamente escoltados por soldados israelenses, que lá permanecerão.

A questão então é: e o direito de resistir? Como a faixa de Gaza ainda está sob ocupação militar, vamos dizer que uma criança jogue uma pedra em um jipe. Quem vai levá-la a juízo? Nada foi dito sobre os prisioneiros políticos. O que acontece se os palestinos prenderem essa criança por jogar pedras? Ela será colocada em uma prisão israelense ou em uma prisão palestina administrada por israelenses? Essas são perguntas singulares que, por exemplo, outros movimentos de libertação evitaram. Por exemplo, o Congresso Nacional Africano (CNA), embora tenha obtido uma vitória – e é claro que nós não vencemos –, recusou-se a participar da força policial até estar no governo, até ter controle do governo. Nós aceitamos esse papel antes da hora. Algumas semanas atrás, saiu uma notícia na imprensa árabe sobre os cerca de duzentos palestinos do Exército de Libertação Palestino – alguns dos quais foram treinados para exercer a função de polícia em Gaza e Jericó – que se recusaram a ir à região porque não queriam se tornar policiais de Israel, que é a imagem que a maioria das pessoas agora tem da OLP. Ela vai ser um agente de Israel. Então o direito de resistência, que na verdade nos é dado pelo direito internacional, foi comprometido pelo acordo da OLP.

Por último, a OLP vai estar em conflito com as autoridades locais. Não se esqueça de que todos os indivíduos da OLP dos quais estamos falando, inclusive Arafat e sua cúpula, nunca estiveram na Cisjordânia. Não sabem nada sobre ela. E a luta, os horrores da ocupação, foram vividos por pessoas que alcançaram certo *status* na comunidade, que sobreviveram à sua maneira com sacrifício, engenho e desenvoltura. Essas pessoas terão muita dificuldade em ceder a autoridade à OLP, que chega de fora com policiais próprios. Existe, portanto, uma situação que pode levar a uma espécie de eu não diria guerra, mas conflito civil.

O conflito já começou. E não é inteiramente relacionado com OLP *versus* Hamas e os movimentos islâmicos na Cisjordânia e em Gaza, que, em minha opinião, foram muito superestimados pela mídia e pelos políticos ocidentais por outros motivos. Acho que os próprios palestinos não vão ficar felizes com os métodos da OLP. Não se esqueça de que, duas vezes nos últimos meses, Arafat respondeu publicamente a jornalistas israelenses e árabes que lhe perguntaram: qual é a sua experiência em cargos do governo, você é líder de uma organização para libertação? Arafat respondeu que controlou Beirute por dez anos. Se você disser isso a um libanês, ou até mesmo a um palestino que morava em Beirute naquela época, as lembranças não vão ser muito boas. Essa experiência não oferece um modelo muito interessante.

E como fica o controle da água com esse acordo? Meron Benvenisti, ex-vice-prefeito israelense de Jerusalém, diz que até 80% do lençol aquífero da Cisjordânia é utilizado por Israel, não só pelos assentamentos como por Israel pré-1967.

Em primeiro lugar, a água é uma de muitas pistas relacionadas ao controle antecipado exercido por Israel. Como você disse, todo lençol aquífero significativo da Cisjordânia já está sendo explorado por Israel. Estão usando-os não só para abastecer os assentamentos como para levar água a Israel. Provavelmente há obras subterrâneas secretas no sul do Líbano, perto do Litani, e houve tentativas ao longo dos últimos 25 anos de desviar e utilizar o Rio Jordão e seus afluentes. Então existe um sistema em operação e nenhum Estado árabe, certamente não os palestinos, tem algo comparável. O mesmo vale para as terras. Ninguém sabe de fato que terras Israel tomou, que terras já estão designadas como expropriadas para fins militares e que terras já estão tomadas pelos assentamentos. Se você olhar Jerusalém, se visitá-la, perceberá que a Grande Jerusalém agora ocupa 25% ou 30% da Cisjordânia. Não há nada no acordo que diz que eles vão devolver Jerusalém, pois isso foi adiado para as negociações finais, sem nenhum mecanismo para avançarmos das negociações interinas para as finais. Isso representa um problema.

O segundo ponto relacionado à água e às terras é, em minha opinião, muito mais debilitante. Pelo menos no primeiro ponto se pode brigar; pode-se afirmar: você fez isso e aquilo. Mas o mais debilitante é que nesse estágio os palestinos não têm as informações necessárias sobre o que Israel fez. Isso é algo característico do mundo árabe, um problema geral: as pessoas não têm informação porque o Estado não publica estatísticas confiáveis. Tudo é governado por ideologia e controle político. Você nunca sabe o que está acontecendo de verdade. Dava para ver no acordo secreto que boa parte dele foi feita de propósito para excluir a maior parte de uma população de palestinos bastante consciente, para que não reclamassem ou se preocupassem com a situação. Isso produz vários níveis de incompetência. O acordo foi negociado em inglês por pessoas que não falavam inglês nem tinham advogado. Então, tomando como exemplo o caso da água, nós não temos uma visão adequada da situação. Não sabemos o bastante sobre a extensão que Israel tomou da terra. Falei com Nabil Shaath por telefone depois que o acordo foi anunciado em Washington e disse que os israelenses já controlavam 50% das terras. Ele respondeu: não, nas negociações descobrimos que eles só possuem 2% ou 3%. Eu disse: isso simplesmente não é verdade.

Assim, é comum manipular informações para obter vantagens pessoais ou políticas. Os independentes, como eu e Chomsky, não têm autoridade em nenhum sentido sobre um movimento que decidiu que foi uma grande vitória, que nós vencemos e alcançamos a paridade. Shaath e Arafat disseram que este é um grande momento, fomos aceitos pela Casa Branca. Detalhes como as terras e a água vêm muito, muito mais tarde, quando as pessoas acordarem e quando desenvolvermos as competências necessárias para descobrir o que está em jogo. Enquanto isso, os assentamentos continuam a se expandir. É muito mais

tenebroso do que se eles tivessem só tomado a terra. Nós nem sabemos quanta terra eles tomaram, onde procurá-la, nem o que foi feito com a água, que já está ligada ao sistema israelense. Você não pode tirar uma torneira de lá e colocá-la em outro lugar. Ela já é parte funcional do sistema.
E, infelizmente, o acordo é uma reação bastante inadequada à realidade.

Surgiram algumas confissões impressionantes na grande imprensa, descrições de Gaza como ela é, um lugar incrivelmente empobrecido e sem infraestrutura. Há enorme pobreza, esgoto a céu aberto etc. Mas enquanto essas coisas e a enorme necessidade de dinheiro são noticiadas, não há nenhum comentário sobre o que tem acontecido em Gaza nos 26 anos de ocupação israelense, quando se trata de fornecimento de serviços, clínicas, estradas, escolas etc.
Gaza, em primeiro lugar, é constituída predominantemente por refugiados. Deve-se compreender que cerca de 80% das pessoas que hoje habitam Gaza, certa de 900 mil, praticamente um milhão de pessoas, não são de Gaza. Elas são do norte, provenientes de Haifa e Jafa. Em outras palavras, são refugiados de 1948 que estão presos em campos de refugiados como Jabalya, que tem 65 mil pessoas, ocupantes espalhados pela região ou moradores de rua que vivem em condições desesperadoras em um espaço extraordinariamente limitado. Portanto, cerca de 90% da população de Gaza vive em absoluta miséria, sem que tenha havido nenhuma mudança ou desenvolvimento de infraestrutura nos vinte e seis anos de ocupação israelense.
Não se esqueça de que, em 1971 e 1972, Ariel Sharon estava pessoalmente a cargo da pacificação de Gaza. A região sempre foi insurrecional, por diversos motivos. Grandes assentamentos novos foram construídos. Deslocaram as pessoas de um local para outro. O enorme plano para Gaza era tal que o controle israelense, que nunca foi muito bem-sucedido, poderia ser instituído de dentro da região. Não seria necessário trazer tropas

de fora por intermédio de assentamentos e instalações militares permanentes em Gaza. Esse é um dos pontos principais.

O segundo ponto relacionado a Gaza é que os israelenses sempre quiseram se livrar dela, então nunca investiram muito dinheiro ali. Observe os números que Rabin usou na coletiva – eu os achei muito mais interessantes do que qualquer outra coisa que ele disse em público. Rabin discorreu sobre os 350 milhões de dólares anuais gastos na Cisjordânia e em Gaza. Se olharmos para as condições de vida reais em Gaza – esgotos a céu aberto, falta de eletricidade, total falta de saneamento básico e coleta de lixo e, acima de tudo, falta de emprego, uma vez que a economia da região é totalmente dependente dos trabalhadores temporários que vão para Israel –, veremos que tem estado em um impasse. Ela se tornou um dos locais mais esquálidos e pobres da Terra.

Porém, muito mais importante do que isso, é o fato de Gaza também ser um lugar onde existe bastante riqueza. Há uma enorme disparidade entre as famílias mais ricas. Gaza, como muitas partes da Palestina, é caracterizada por ter algumas poucas famílias donas de grandes propriedades, cuja vida está completamente fora de sintonia com a condição dos camponeses, dos trabalhadores temporários e dos refugiados que compõem a maioria da população. Existe um problema social de alguma importância. Em decorrência disso, Gaza é um lugar onde as ideologias mais radicais, sejam elas islâmicas ou não – a Frente Popular, o Partido Comunista, o Hamas –, são muito poderosas. Elas lidam com as questões sociais em Gaza, não só com a ocupação como também com a situação interna.

Nada disso foi coberto pela imprensa. Tem-se a impressão de que Gaza é um lugar onde os palestinos vivem e o qual os israelenses cederam em um ato de nobreza, sem perceber que Gaza sempre foi um estorvo para eles. Até seis meses atrás, tanto Rabin quanto Peres diziam: queríamos que Gaza desparecesse, caísse no mar. Essas frases foram usadas. Gaza é o lugar onde a intifada começou, onde o maior número de mortes de crianças aconteceu. É a maior população de indivíduos com menos de 15 anos de idade, que representam mais de 60% da população. Então, com tudo isso, falar sobre a reforma da infraestrutura em Gaza é uma ideia nobre, mas como os israelenses controlam o porto receio que a região vá se tornar uma fonte de mão de obra barata e desorganizada, vendendo serviços aos israelenses, ou um centro de produção semiqualificada na fronteira – semelhante ao que acontece em cidades mexicanas como Tijuana, que fornecem ao sul da Califórnia trabalhadores e empregados domésticos ou mão de obra barata para linhas de montagem e pequenas fábricas, o que é muito alarmante. Quando estive lá, no início de julho de 1993, tinha havido muita especulação de terras, até mesmo antes de o acordo ser anunciado, do mesmo modo que aconteceu em Jericó. As pessoas sabem dessa possibilidade; ela tem sido comentada desde meados da primavera deste ano. Assim, existe muita especulação de terras. Isso não significa construir casas para os refugiados, mas edifícios como estâncias, hotéis, centros turísticos e assim por diante. A situação em Gaza provavelmente se desenrolará de uma forma extraordinariamente infeliz, na minha opinião.

Sei que a música é uma parte muito importante da sua vida. Vejo uma metáfora no que se refere ao que ocorreu. Você sempre disse que adorava as músicas em que as vozes respondem umas às outras, criando ecos e contrastes, uma espécie de linha horizontal em oposição com a linha vertical representada pela música monofônica. Essa é uma metáfora para o que aconteceu nessas negociações, nas quais essas vozes estiveram ausentes?

Não diria isso, pois o contraponto é bem claro. É por isso que critico tanto o acordo. Israel realmente precisava de um parceiro palestino para produzir um acordo com o qual pudesse viver confortavelmente; poderia ser um excelente negócio, não só para suas relações com os palestinos como para suas relações com outros árabes – e, acima de tudo, para sua imagem pública, que chegou ao pior nível já visto em decorrência da intifada, da invasão do Líbano em julho de 1993 etc. É por isso que culpo a liderança da OLP pelo que fizeram. Eles sabiam que sua principal cartada era ser a outra voz de Israel. Em vez de avaliar isso e entender que não poderia haver paz com os palestinos sem a OLP, Arafat, para se beneficiar em um ponto particularmente baixo de sua carreira, sacrificou a única cartada que ainda tinha diante de Israel, dando-lhe um interlocutor palestino convincente – o que os franceses na Argélia sempre buscaram e a FLN se recusou a dar, um *interlocuteur* confiável. A OLP fez isso em seu pior momento, com a ocupação ainda em andamento, com a destruição da intifada.

Foi um acordo fechado de forma brilhante pelos israelenses, que assim puderam passar a dizer: temos um parceiro. Mas o parceiro consiste em uma espécie de imitador deles mesmos. Não é um parceiro de verdade, que representa as aspirações e esperanças do povo palestino. É, na verdade, uma organização que se livrou da própria história e de sua representatividade. Desse modo, agora nós, os palestinos da diáspora, carregamos o fardo de ter produzido a OLP, que por sua vez não é criação da Cisjordânia e de Gaza, que estão ocupadas. Ela foi criada pela diáspora. Assim, o tópico principal para nós hoje, como três milhões de pessoas – mais da metade da população de quem a OLP terá de depender enquanto tenta transformar sua autonomia em algo melhor do que a situação presente e o acordo atual permitem – é mais democracia. Nossa principal esperança é nos reorganizar e começar a exigir da OLP, como nossa representante, mais representação, mais democracia, para assegurar, por exemplo, que as eleições, que estão marcadas para acontecer entre seis e nove meses, de fato aconteçam – embora muitos comentaristas israelenses digam que o acordo secreto entre Rabin e Arafat é o de não ter eleições, o de adiar as eleições para que a OLP continue a governar. Precisamos fazer de tudo para que o pleito ocorra. E temos que nos assegurar que haja prestação de contas. Não podemos ter líderes que dizem: eu sei mais das coisas do que todo mundo e vou fazer tudo. Se quisermos participar, o preço deve ser a participação total, não apenas dar dinheiro, apoio e declarações públicas favoráveis, mas realmente nos envolver. Acho que esse é o principal problema.

Um ponto que quero mencionar por ser extraordinariamente importante – parece trivial, mas tem sido o caso há muitos anos – é que não existe um censo palestino. Nos últimos dez anos, alguns de nós vêm tentando dizer que, para aumentar nosso peso político, precisamos dizer quem somos e onde estamos. Os Estados árabes sempre se opuseram ao censo. Não querem saber. Nem eles nem os israelenses querem uma contagem pública dos palestinos. Acho que agora a principal exigência deve ser – e estou tornando isso público, como já fizeram muitos outros – que queremos um censo palestino em todo país em que residam palestinos, para que existam agrupamentos de palestinos. Nosso problema é a dispersão e a representação. Não é possível obter isso a não ser que sejamos identificados como palestinos que têm interesse direto na existência contínua da vida palestina em terras palestinas. Para esse fim, portanto, considero incrivelmente importante que as questões das eleições, das instituições representativas na Cisjordânia e em outros lugares sejam ligadas ao censo; não se deve simplesmente dizer: "Vamos fazer uma eleição e garantir que nossos candidatos vençam". Não é esse o raciocínio. Em outras palavras, o período de nacionalismo tem de acabar, e agora precisamos entrar em um novo período de transformação política e social, que nos leve a outro nível no qual as pessoas estejam envolvidas, mobilizadas, e não são submetidas aos caprichos do líder.

Até hoje Arafat não explicou à opinião pública sua posição de fato. Ele deveria ter dito: em virtude dos meus erros, em decorrência dos meus equívocos na Guerra do Golfo, esta é a única alternativa que temos. Devo lhes perguntar: vocês a aceitam? Se aceitarem, nós assinamos. Se não, eu me retiro. Ele não fez isso. Abdel Nasser o fez em junho de 1967. Arafat não explicou ao seu povo por que no passado rejeitou tantas alternativas. Participei de algumas delas. Ele poderia ter fechado acordos muito melhores com norte-americanos e israelenses nas décadas de 1970 e 1980, mas rejeitou todos. Por que estava se guardando para este acordo específico? Essa é a pergunta que não quer calar. Ainda não foi respondida.

Sol Linowitz, um dos negociadores de Carter em Camp David, esteve no programa de MacNeil/Lehrer com as pessoas de sempre: Kissinger, Brzezinski e Brent Scowcroft. Linowitz disse que aquilo era muito triste, embora ele estivesse muito feliz, pois os palestinos poderiam ter consigo tudo aquilo e mais um pouco em Camp David em 1979. Fico me perguntando até que ponto isso é manipulação histórica.

É verdade. Não sei em relação a Camp David. No outono de 1978 – estou dizendo isto em público pela primeira vez –, por intermédio de Hodding Carter, um antigo colega que trabalhava para o governo Carter, encontrei o secretário de Estado Vance em Nova York mais de uma vez. Discutimos o assunto. Ele disse que não queria conversar comigo; queria conversar com Arafat. Eu disse que isso podia ser obtido. Ele disse: “Não, existem regras, e seguindo meu antecessor” – ele só se referia a Kissinger como “antecessor” – “estamos proibidos de conversar com a OLP”. E continuou: “Temos uma proposta que eu gostaria que você levasse ao presidente Arafat”. A proposta era que a OLP aceitasse a Resolução 242 com ressalvas, uma vez que não dizia nada sobre os palestinos e o direito do povo palestino à autodeterminação nacional ainda seria seu objetivo. Os Estados Unidos então reconheceriam a OLP e começariam a negociar com Arafat diretamente, e só então estabeleceriam as negociações com Israel.

Achei que era uma boa ideia. Enviei uma mensagem por Shafiq al-Hout, que estava em Nova York pela ONU, encaminhando-a diretamente a Arafat. Esperei por semanas e não obtive resposta. Então, Vance me ligou no início de 1979, logo antes de assinar o acordo de Camp David, e disse: "Gostaria de saber qual é a resposta do presidente Arafat". Respondi que não recebera nenhum retorno. Ele continuou: "Vou ditar o texto para você de novo, a fim de ter certeza de que ele se encaixa em todos os critérios". Assim, em março de 1979, voei até Beirute e fui me encontrar com Arafat. Disse que precisávamos de uma resposta. A primeira coisa que ele disse foi que não recebera a mensagem. Por pelo menos dez minutos, negou veementemente que a tivesse recebido. Por sorte, Shafiq al-Hout estava na sala conosco e disse que a havia entregado. Arafat respondeu que não se lembrava. Shafiq foi à sala ao lado e trouxe uma cópia dos papéis. Arafat deu uma olhada e disse: "Tudo bem, amanhã eu dou minha resposta". No dia seguinte, ele voltou com cerca de quinze de seus delegados, inclusive Abu Jihad e Abu Iyyad, o *État-Major* do povo palestino. Eles entraram, Arafat se sentou e disse: "Edward, quero que você diga a Vance que não estamos interessados". Perguntei o porquê. Ele respondeu: "Não queremos os norte-americanos. Os norte-americanos nos apunhalaram pelas costas. O acordo é ruim. Queremos a Palestina. Não estamos interessados em pedaços dela. Não queremos negociar com Israel. Vamos lutar".

Isso aconteceu em 1979. Houve muitos acordos como esse ao longo dos anos 1980, à medida que Arafat ficava cada vez mais fraco. Ele não tinha nenhuma tropa para comandar. Na década de 1970 já estava claro para mim, de qualquer modo, que não tínhamos uma opção militar contra Israel, não mais do que eles tinham contra nós, mas Arafat recusou os acordos. Isso tudo faz parte do registro histórico e precisa ser registrado. Acho que é preciso fazer essas indagações à liderança palestina, agora que ela está evitando perguntas, tentando seguir em frente em uma grande marcha em direção ao que quer que eles denominem. Essas perguntas têm de ser feitas para que possamos saber aonde estamos indo.

Não estou dizendo que devemos ser iguais ao rei Canuto e dizer que o acordo tem de ser revogado. Mas precisamos saber o que o acordo contém, de onde ele veio e para onde é possível ir.

Vamos falar sobre a mídia e a maneira como estão tratando o assunto. Há um coro quase unânime de euforia nos Estados Unidos. Alguma diferença entre a mídia europeia que você acompanha?

Dei muitas entrevistas à mídia europeia em que expressei minhas ressalvas, e lá recebi mais atenção. As pessoas estão começando a fazer perguntas. Existe uma tentativa de ir além da superfície. Nos Estados Unidos, infelizmente, à exceção de alguns segmentos da imprensa e de certos indivíduos – e penso que os indivíduos são os que fazem diferença –, a mídia tem sido bastante inusitada. Cerca de um mês atrás, Arafat era provavelmente o homem mais vilipendiado do mundo. Era considerado um terrorista. Não havia uma única entrevista em que ele não transmitisse uma imagem ruim. As perguntas eram sempre do tipo: "Por que você é terrorista?" O único pensamento atribuído a ele era o de que estava planejando a morte de crianças e mulheres judias inocentes. Em questão de horas, ele foi redimido, tornando-se uma figura adorável. Os norte-americanos o amavam. Disseram que ele era um chefe de Estado. Se não me engano, quando ele foi ao Congresso, os senadores Dole e Mitchell, entre outros, fizeram fila para pegar seu autógrafo. Essa mudança abrupta de opinião desmascara, se é que ainda seja necessário desmascarar, o mito de uma mídia independente. A mídia serve, sobretudo, como uma luz para o poder e as políticas norte-americanas. Embora tenham saído muitas notícias sobre como os Estados Unidos foram pegos de surpresa por esse avanço, não se observou que as diferenças entre essa evolução e o que os Estados Unidos sempre desejaram são superficiais. Mesmo que não tenha sido concebido por Aaron David Miller, Denis Ross, Dan Kurzer, Edward Djerejian e Warren Christopher, o resultado final foi algo que não os entristeceu. Ele dá, na prática, enorme poder regional a um representante dos Estados Unidos, Israel; o controle da região caiu nas mãos de uma superpotência. Finalmente, como disseram Christopher e Baker, o radicalismo e o nacionalismo árabe foram derrotados. Portanto, o acordo coloca os Estados Unidos de volta no banco do motorista, confere-lhes novamente o *status* de superpotência e permite que eles usem esse acordo para assegurar a abertura dos mercados e dos recursos do Golfo, dos quais a Palestina é um importante ponto de entrada.

A mídia simplesmente não fez o seu trabalho. Em minha opinião, ela tem sido apenas outro coro infeliz com sua seleção de vozes e porta-vozes, e – digo isso com muita vergonha e pesar – os palestinos imitaram exatamente o tipo certo de porta-voz para fazer parte desse coro. Pessoas que semana passada eram fanonistas agora viraram defensores de Singapura, dos mercados abertos e do desenvolvimento. Não fazem nada pela verdadeira massa de palestinos, que são camponeses sem terra, refugiados sem Estado, trabalhadores com baixos salários que labutam como escravos, e isso preserva a hegemonia da liderança e das famílias tradicionais.

Assim, acho que a mídia detém enorme poder.

A CNN tem um alcance incrível, mas não no que concerne à transmissão de informações. Ela simplesmente confirma o sistema ideológico mundial, agora controlado, creio eu, pelos Estados Unidos e por alguns aliados na Europa Ocidental.

Digamos que você seja um sujeito comum na praia, prestes a ser engolido por um tsunami *de informação e desinformação. Como faria para se manter seco? Como cortar as teias de falsidade tecidas pela mídia?*

Todos nós temos duas faculdades que precisamos utilizar em situações como essa, quando há um bombardeio da mídia, como em geral acontece diante de uma notícia. Em primeiro lugar, a memória. Temos de nos lembrar do que disseram ontem, o que muitas vezes é exatamente o oposto. Em segundo lugar, o ceticismo. Essa faculdade vem da nossa experiência com essas coisas. Se você lembra que, como telespectador, como norte-americano, viu Arafat vilipendiado como terrorista e, de repente, ele passa a ser um cara legal só porque proferiu algumas palavras, percebe que há algo errado. Não é possível que isso aconteça tão depressa. Em segundo lugar, o ceticismo faz parte da sua faculdade crítica e intelectual. Penso que devemos fazer isso com qualquer notícia. É preciso questionar além do que é apresentado em 22 minutos que agora são legitimados como a "hora do jornal" na televisão. Acho que todos podem fazer isso. Há sempre fontes alternativas de informação. Existem livros, bibliotecas. Só é preciso exercitar essas capacidades e se recusar a se tornar um vegetal que simplesmente absorve informações pré-embaladas e pré-ideologizadas, pois as mensagens na televisão não passam de pacotes ideológicos que foram submetidos a um processamento.

Há também o poder ofuscante dos holofotes e o poder da imagem.

É aí que fico mais decepcionado ao ver os outros intelectuais completamente seduzidos por isso. Nunca achei interessante ficar próximo do poder. Acredito que o poder sempre precisa do corretivo da honestidade intelectual, da consciência e da memória. A ironia é tão grande que depois da guerra de 1967, quando o movimento palestino surgiu, nós ficamos famosos naquela ocasião por sermos críticos. Fomos os primeiros árabes em nossa literatura, em nossos discursos, em nossas obras, por exemplo, a usar a palavra "Israel". Todos os outros falavam da "entidade sionista". Fomos os primeiros a lidar com a realidade. Criticamos os regimes árabes que fracassaram em 1967. A literatura palestina, a análise acadêmica e política, foi a primeira a usar notas de rodapé. Afirmamos que tínhamos de ser responsáveis pelo que dizíamos e que estávamos agindo de forma organizada, disciplinada e intelectualmente honesta.

Tudo isso acabou. A literatura oficial palestina é um coro de aprovação da liderança. Tornamo-nos, desse modo, o que os outros regimes árabes são. A tragédia de Arafat é que ele não se enxerga como líder de um povo. Apesar do seu estilo próprio e da popularidade que ainda possui, Arafat é um homem simples. Não ostenta carros enormes nem residências luxuosas, ainda vivendo de forma muito austera. Mas ele passou a se ver como um líder que se relaciona com reis e presidentes, e acho que essa perda de perspectiva, em especial entre os intelectuais, foi o que de pior que aconteceu. A sedução do poder. Os prazeres da autoridade. A ausência de diálogo. Isso é, em tese, o que os intelectuais devem refutar.

Gramsci, por quem você tem muito apreço, disse que tinha um pessimismo do intelecto e um otimismo da vontade. Essa ideia permeia sua luta pessoal?

Sim. Há uma relação causal entre os dois. Digo que primeiro vem o pessimismo do intelecto, seguido pelo otimismo da vontade baseado no pessimismo do intelecto. Em outras palavras, não se pode só dizer que as coisas andam ruins, mas não faz mal, vou seguir em frente. É preciso dizer que as coisas vão mal e analisá-las intelectualmente. Então, com base nessa análise, se concebe um movimento para a frente, baseado no otimismo, na capacidade e no desejo de mudar as coisas. Mas vejo que esse não é o caso aqui, onde existe otimismo logo no princípio da tentativa de transformar, por meio de um processo mágico, um acordo desastroso em algo maravilhoso. Estão dizendo que é uma paridade, uma abertura, uma porta de entrada, que tudo vai mudar. Parece-me uma atitude irresponsável. Isso não se chama otimismo da vontade, e sim pensamento mágico. Gramsci tinha sempre muito cuidado em dizer que seu trabalho era secular e fazia parte do que ele chamava de conquista da sociedade civil. Ainda não fizemos o trabalho secular. Ainda temos um longo caminho pela frente. Mas acho que vai acontecer. À medida que os palestinos começarem a deparar com a realidade desse acordo e a enfrentar a intransigência da ocupação israelense, que vai continuar, eles vão compreender que a única forma de avanço é a resistência contínua.

Você disse que "o que me tem sido muito caro é a noção de uma comunidade e de um movimento em andamento, com os quais estou comprometido e nos quais estou engajaado". Para que direções você se vê seguindo agora?

Basicamente, pela primeira vez em 25 anos, encontro-me isolado de grande parte da comunidade, que sentiu, por diversos motivos – a maioria compreensível –, alívio, desejo de ser aceito, vontade de ver uma luz no fim do túnel. Sinto-me isolado dessas pessoas, desses palestinos que estão muito mais felizes do que eu. Então, agora, sou uma espécie de voz solitária. O importante é tentar expressar seus pontos de vista da forma mais positiva possível e nunca apenas dizer: está tudo péssimo, que desastre! Ou que não devíamos ter feito aquilo. Eu nunca disso isso. Deve-se tentar dizer: esta é a situação e é isto que precisamos fazer para melhorá-la. É muito difícil fazer isso sozinho. Mas estou encontrando cada vez mais pessoas, agora que a euforia está se dissipando e as comemorações se encerraram, à medida que elas têm a oportunidade de pensar. Elas começam a perceber que devem confiar em si mesmas. Se os líderes prometeram coisas que não conseguem cumprir, elas devem perguntar a eles: por que vocês fizeram isso?

Você está buscando, como diz Eliot, os "outros ecos [que] habitam o jardim".

Soa um pouco místico. Mas acho que precisamos acordar para a realidade e as dificuldades da situação presente. Mas se não conseguirmos fazer isso, nós, como intelectuais, precisamos seguir em frente, apesar da marginalização e da solidão que possamos sentir.

5
Palestina: traição da História
18 de janeiro de 1994

Desde a nossa última conversa no fim de setembro, você gerou uma série de intervenções em diversos meios de comunicação ao redor do mundo. Sua crítica à OLP tem mantido uma trajetória constante, que culminou no seu pedido para que Arafat renunciasse. Por que você quer que um homem que representou a causa palestina por tanto tempo abdique?

Há várias razões. O pedido não foi direcionado tanto ao homem, mas ao estilo e à liderança que ele representa. Ele é um homem muito agradável, tenho certeza disso, e foi um bom amigo meu durante muito tempo. Admirava sua liderança. De certa maneira creio que já se encerrou o ciclo de qualquer papel útil que ele poderia ter. Em primeiro lugar, os acontecimentos de agosto de 1990 até o presente representam um declínio constante no destino dos palestinos. Como líder dessa derrocada, como o homem responsável por ela, apesar de nunca ter sido responsabilizado por tal, acho que chegou a hora de todos nós dizermos a ele: já basta! Arafat sacrificou o bem-estar de literalmente centenas de milhares, senão milhões, de palestinos em decorrência de sua posição durante a Guerra do Golfo.

Ele entrou sem refletir, despreparado, em uma negociação pública com Israel em Madri no ano seguinte, em 1991. Levou o povo da Cisjordânia e de Gaza, de modo enganoso, a negociar com os israelenses no que, afinal, eram termos justos, ao mesmo tempo que subvertia esses termos em sua tentativa de fazer um acordo sigiloso e clandestino com os israelenses. Finalmente, concluiu tudo isso com uma negociação secreta desastrosa com Israel em Oslo que, em minha opinião, foi completamente ilegal; não que tenhamos todos os meios de determinar a legalidade, mas suas ações podem ser consideradas ilegais dentro da estrutura da sociedade civil palestina. Isso selou o destino de mais da metade da população palestina, aqueles que não residiam na Cisjordânia e em Gaza. Foram excluídos. Arafat fez todas as concessões à ocupação de Israel em troca de um reconhecimento muito tênue da representatividade da OLP, e mais nada. O que ele obteve em Gaza e em Jericó é quase risível se considerarmos o sacrifício de milhões de palestinos ao longo das gerações, que deram a vida pela causa. Esse é o tom geral do fracasso dessa declaração de princípios.

Mas, além disso, considerando apenas a competência técnica, ele não tinha nenhum conselheiro jurídico para ajudá-lo. Não fala inglês, mas negociou com os israelenses em tal língua. Fechou um acordo que foi concebido com tanta pressa que deixou todo o poder de decisão nas mãos de Israel, que, na verdade, já tinha todo esse poder – ou seja, o exército, os assentamentos, os territórios, a soberania, Jerusalém.

Desde então, Arafat piorou ainda mais a situação ao tentar manter o controle em suas mãos, continuando, em minha opinião, a corromper todo um povo com métodos de patronagem, comprando as pessoas, jogando-as umas contra as outras, tudo com o interesse exclusivo não de melhorar a situação dos palestinos, que, na verdade, piorou, mas de se manter no poder. Agora ele está procurando cooptar mais palestinos para estabelecer uma autoridade econômica da qual seja presidente, de forma que qualquer auxílio que chegue fique sob seu controle. Cita-se publicamente na imprensa israelense que ele disse: "se tivesse 50 milhões de dólares, acabaria com meus problemas e não haveria oposição". Ele compraria a oposição. O plano mais recente é o de estabelecer uma televisão e uma difusão oficiais na Cisjordânia, das quais ele – usando uma figura local – seria o controlador, dizendo que ainda não se está pronto para a democracia. Na prática, ele vai criar um reflexo exato da Rádio Bagdá. Arafat alienou todas as pessoas que não lhe são dependentes para subsistir; quem tinha um pingo de competência e princípios foi embora, entre eles gente como Mahmoud Darwish e Shafiq al-Hout. O tema das negociações palestinas com Israel não é só uma farsa; elas são um escândalo em termos de desorganização. A OLP sob sua liderança não gerou um só dado sobre a realidade da ocupação, que nenhum dos responsáveis pela negociação, como o próprio Araft e Nabil Shaath, já viu com os próprios olhos. Eles não sabem do que estão falando quando se referem aos assentamentos e à ocupação.

A realidade é que temos uma sociedade totalmente fragmentada, desintegrada. Não há ânimo de lutar. Não há nenhuma instituição social, nenhuma instituição de saúde, nenhuma educacional. Existe um enorme contingente de palestinos desamparados em lugares como Gaza, Beirute, Damasco e Amã. Arafat tem o controle exclusivo do dinheiro. Ele não responde a ninguém. É o único que pode assinar cheques e a única pessoa que sabe onde os cheques estão. Talvez agora sua mulher também saiba alguma coisa. Mas seus colaboradores mais próximos, como Abu Mazen e Yasir Abed Rabbo, mais uma ou duas outras pessoas, recusam-se a fazer reuniões com ele. Contaram-me recentemente que Abu Mazen, o homem que assinou o acordo em Washington com Peres no dia 13 de setembro, disse que não vai para Jericó, mas pediu asilo político no Marrocos.

Levando tudo isso em conta – e eu não falei nem a metade dos problemas –, fica bem óbvio que ele não pode continuar.

Há muitos anos você tem uma identificação bastante próxima com a causa palestina, sendo seu principal porta-voz nos Estados Unidos.
Eu não representava ninguém, fazia aquilo sozinho.

Mas você é a figura mais visível na mídia, especialmente nos Estados Unidos. Esse cenário deve ter sido desconcertante para você.
É extremamente doloroso. Quando se trata da esfera pública nos Estados Unidos e no Ocidente de modo geral, agora é muito difícil se levantar e falar dos direitos dos palestinos, já que a percepção do público, que foi manipulada de forma brilhante pelos israelenses e até certo ponto pelo governo de Clinton, é a de que o conflito foi resolvido. Os palestinos vão ter um "Estado". As antigas disputas entre nós e os israelenses foram resolvidas de forma satisfatória e justa. Afinal, como se disse, o líder do movimento palestino, o Sr. Palestina em pessoa, assinou o documento e exclamou que aquilo era ótimo. Ele foi citado hoje no *New York Times*, expressando certa decepção com os norte-americanos por não ajudarem tanto quanto ele esperava – isso depois de dizer publicamente em diversas ocasiões que tem um amigo na Casa Branca. Qualquer pessoa com um mínimo de conhecimento sobre a política e a realidade dos Estados Unidos, que a liderança palestina se recusou a conhecer diretamente – apenas por preguiça e ignorância –, poderia ter dito que isso era pura tolice. A dificuldade, claro, é que quando me pedem para falar e escrever, acabo na estranha posição de ter de criticar não somente os israelenses, por sua política de ocupação, mas também os palestinos. Há ainda um outro problema, que é a pouquíssima atividade palestina neste país. Raríssimos palestinos se expressam ou são convidados a se expressar ou até mesmo podem se expressar. Então não nos sentimos felizes. Meu principal objetivo não é escrever aqui, neste país e no Ocidente em geral, mas em árabe. Escrevo uma coluna duas vezes por mês que é amplamente publicada no mundo árabe.

Você acha que suas ideias são muito debatidas?

Recebo uma quantidade enorme de respostas.

Já me pediram para ir ao Oriente Médio a fim de exercer uma função política mais direta em centros com grande população palestina, como a Jordânia e até Beirute. Eu recusei. Não tenho estrutura para fazer isso. Minha saúde me proíbe. Tento fazer o melhor que posso para manter o debate vivo. O mais desanimador, porém, é que muitos intelectuais – e acho que podemos responsabilizar a OLP diretamente por isso – estão apenas observando e esperando para ver como as coisas vão ficar. Há uma enorme quantidade de dinheiro sendo prometida. A Comunidade Europeia e o Banco Mundial prometeram milhões. Vastas quantias são sugeridas por indivíduos, em geral intelectuais de classe média, que pensam em suas famílias e em melhorar sua condição. Então não existe, em outras palavras, uma tentativa conjunta por parte dos intelectuais palestinos, com poucas exceções, de montar uma ofensiva real contra as políticas atuais, para tentar mudá-las e fazer diferença.

Há outra questão. Escrevi uma coluna sobre isso mais ou menos um mês atrás, dizendo que o grau de penetração psicológica dos israelenses no quadro de intelectuais palestinos passou a ser tão grande que poucos de nós têm condições de pensar de forma independente. Ou seja, existe a ideia de que só podemos nos desenvolver em colaboração com os israelenses. Isso ocorre em um período em que a ocupação está piorando ainda mais. Os soldados israelenses estão matando palestinos, destruindo lares palestinos, confiscando terras, tornando a vida dos palestinos, principalmente em Gaza, um verdadeiro inferno. Vários intelectuais dialogam em público com israelenses achando que isso vai, de alguma maneira, melhorar nossa condição. Mas é claro que não melhora. A única consequência disso foi acrescentar certo grau de capitulação, de modo que a vontade de resistir desapareceu. Para mim esse é o principal tema.

O colonialismo intelectual que você acabou de descrever é um dos assuntos de Cultura e imperialismo.

É a internalização da perspectiva do colonizador, pensar que você não é capaz de fazer nada sem a tutela nem o apoio dele; é a ideia de que a validação não vem da sua sociedade e dos seus valores, mas dos dele. Isso agora é tão pernicioso, tão profundo, que me pergunto se ainda pode ser detido ou mudado. Não quero colocar o problema todo no colo do meu povo, mas acho que é algo generalizado no mundo árabe. Existe uma noção de inevitabilidade em relação aos Estados Unidos, de que eles representam o vencedor. Não há nenhum impedimento. Não há alternativa. O mundo não é mais bipolar; não existem mais dois polos. Os Estados Unidos determinam as regras. Inventaram uma nova expressão, o tal "processo de paz", que é um barbarismo na língua árabe. Agora, muitos dos membros da comunidade intelectual esquerdista, que faziam parte da resistência anti-imperialista, que foram nacionalistas árabes por décadas, se reorientaram e viraram cientistas sociais que falam uma nova língua. É impressionante.

O principal ponto a ressaltar, voltando a *Cultura e imperialismo*, é que a OLP, nascida como movimento de libertação, é o único movimento de libertação do século XX que conheço que, antes da independência, antes mesmo do fim da ocupação colonial, tornou-se colaborador da força ocupadora. Não sei de mais nenhum exemplo desse tipo de troca de lado. Assim, podemos dizer que quebramos os padrões, o que afinal deve nos garantir uma distinção histórica.

Estou um pouco confuso sobre algumas ambiguidades que têm vindo de duas fontes diferentes. Shimon Peres esteve em Boston algumas semanas atrás. Segundo a imprensa, ele afirmou que Arafat lhe disse: "A OLP decidiu optar por uma confederação com a Jordânia, não por um Estado palestino separado". Então, alguns dias atrás, o secretário-geral do

Partido Trabalhista que está no poder em Israel disse que os palestinos teriam seu próprio Estado independente até o fim da década.

Acho que há duas coisas a dizer sobre isso. Em primeiro lugar, quando os líderes da OLP, inclusive Arafat, fazem declarações, consistem em declarações de momento. Não há preparação, estudo ou análise e raciocínio estratégico por trás delas. Portanto, em minha opinião, elas se situam em algum ponto da escala entre totalmente irresponsáveis e simplesmente insignificantes. É verdade que existe uma cláusula em uma das resoluções do Conselho Nacional que fala de uma confederação com a Jordânia. Porém, do início do verão do ano passado até o presente, salvo uma ou duas exceções em grande medida impostas à OLP pelos jordanianos, a OLP tem evitado qualquer tipo de trabalho coordenado com a Jordânia, além de atuar com desprezo em relação a esta e à Síria, o que é uma decisão um tanto tola. Obviamente existem diferenças entre Assad, Arafat e Hussein. Seus eleitorados são diferentes. Seus interesses de longo prazo são diferentes e em muitos sentidos contraditórios. Mas é uma tolice ignorá-los, considerando que existem grandes populações palestinas nesses países; é tolice que Arafat – que agora frequenta grandes banquetes em Paris e Londres – e seus colaboradores finjam que a Palestina seja algum outro lugar.

Assim, acho que os comentários de Arafat sobre a confederação com a Jordânia foram apenas parte de uma retórica insincera a favor dessa causa no Conselho Nacional, pois ele havia sido repreendido pelos jordanianos, que disseram: "Você não pode deixar de lidar com a gente. Afinal, somos seus vizinhos mais próximos ao leste. Temos uma enorme população palestina. O ponto de passagem na Ponte Allenby é o mais importante para você. É o que fica mais próximo de Jericó, se um dia obtiver algo que se assemelhe à autonomia. Portanto, você não pode nos ignorar".

Esse é um dos elementos. O outro é a posição de Israel, que consiste em várias vozes dizendo coisas diferentes, em parte por estarem confusas, em parte a fim de manter o mundo exterior em suspense e sem base. O que Yossi Beilin diz, por exemplo, é muito diferente do que Rabin afirma. Existe uma política deliberada de comunicação ambígua que, em minha opinião, deve ser tomada apenas como tal. As políticas verdadeiras são as ações tangíveis. A verdade é que, nos últimos meses, foram confiscadas mais terras palestinas. Somente em dezembro, eles confiscaram nove mil dunans.

Qual é o tamanho de um dunam?

Quatro dunans são equivalentes a um acre. O processo de assentamento continua. Portanto, qualquer Estado ou entidade palestina destinada à Cisjordânia ou a Gaza inevitavelmente será controlado ou parcialmente anexado por Israel. É assim que eu veria a situação. Alguns israelenses dizem, como o secretário-geral que você mencionou, que teremos um Estado palestino até o fim da década; vários israelenses já me disseram a mesma coisa. Mas minha resposta é: que tipo de Estado? Claro, nunca tive nenhuma dúvida de que no fim os palestinos ganhariam a autodeterminação. É uma estrada longa e tortuosa, que não segue só em frente. Há curvas, voltas, caminhos opostos. Mas a questão neste momento é que tipo de sociedade organizada estamos começando a construir neste pedacinho miserável de autonomia. Parece que o sentimento geral é que vamos ficar espremidos entre a Jordânia e Israel. Vai ser no máximo um corredor para empresários israelenses que estão tentando abrir caminho para vastos mercados, para eles inexplorados, como os do Golfo. Posso dizer que os egípcios – a associação de manufatura egípcia, os banqueiros e o restante do setor privado – estão deveras preocupados com o acordo Gaza-Jericó, precisamente porque ele coloca seus esforços em risco devido à penetração econômica israelense. Isso também é verdade em relação ao

Líbano. A situação no Oriente Médio é um verdadeiro caldeirão borbulhante. Acho que a questão do Estado palestino, no contexto dessas declarações, é só a ponta do iceberg. Não conta a história inteira.

Uma notícia de hoje cita Nabil Shaath, que comanda as discussões em Taba, no Egito. Ele afirmou que os palestinos deviam vencer os temores israelenses de que eles reivindicavam as bases de um Estado completamente independente. Disse: "As ligações telefônicas internacionais, os selos, a libra palestina – são todas questões em discussão. Em minha opinião, nada disso é de uso exclusivo dos Estados, mas os israelenses precisam ser convencidos disso".

Shaath é um velho amigo meu e um porta-voz muito leal a Arafat. É difícil para mim entender suas mudanças de posição. Ele tem sido coerente sobre isso nos últimos seis ou sete meses, desde setembro. Mas os símbolos às vezes têm significados diferentes. Pegue, por exemplo, a ideia da moeda palestina. A posição israelense é de que sim, pode deixá-los ter uma moeda palestina, até mesmo com a imagem de Arafat na nota. Mas ela vai ser igual às notas de libra do Banco da Escócia: totalmente sem valor, parte do sistema monetário israelense. Assim, os israelenses são perfeitamente capazes de conceder tudo que Shaath mencionou, os chamados símbolos de soberania, e ao mesmo tempo negar a soberania propriamente dita. É disso que eu tenho medo. Não fizemos nada que não possa ser feito com esperteza nas negociações. Eles sempre aceitam as condições de Israel. Não fizemos nada para reduzir a carga da ocupação. Não fizemos nada para expulsar os israelenses com marchas organizadas, continuando os métodos da intifada com mais concentração, mais organização e mais coordenação entre todos os recursos palestinos disponíveis no presente. Ainda somos uma comunidade afluente e bem provida, mas não houve mobilização nenhuma. Tem-se a ideia de que participando dessas conversações em Taba, Paris e Washington – há três delas ocorrendo neste momento, com o apoio dos Estados Unidos e do Egito, principalmente – esperamos fechar um bom acordo com engenhosidade e jeitinho nas negociações. Mas um bom acordo não significa independência, não significa libertação. Receio que o Shaath tenha mesmo perdido de vista o principal objetivo.

Uma de suas epígrafes em Orientalismo *é a seguinte: "Eles não podem representar a si mesmos; devem ser representados". Esse tem sido o caso no suposto processo de paz?*

A tragédia é que a utilidade da OLP ou da OLP de Yasser Arafat em toda essa situação é que ela é precisamente representativa. Mas ela representa os palestinos e o povo palestino sem ter nem a popularidade, nem a legitimidade, nem – digamos – a determinação e a pungência que costumava ter. É uma OLP que foi privada de tudo a não ser o nome. O fato de ela ter apenas esse último resquício de legitimidade é o motivo pelo qual os israelenses a estão arrastando. Há uma discrepância fundamental entre a utilidade que a OLP acredita ter para Israel e o que Israel realmente pretende fazer com ela. É uma jogada de mestre. Nos últimos anos, mais de cem países reconheceram a Palestina. Aí os israelenses disseram: "Vamos tirar proveito disso. Temos aqui uma liderança que está totalmente desligada do seu povo. Nunca esteve tão fraca. É corrupta. Sua reputação nunca esteve pior. Vamos tirar vantagem dessa falta de prestígio internacional. Vamos fazê-la assinar praticamente qualquer coisa que quisermos. Depois disso a gente vê; mas, fora isso, não temos muita utilidade para ela". Em minha opinião, o raciocínio da OLP é baseado na seguinte lógica: acham que, depois de acolhida pelos israelenses, ela será mantida lá. Acho que estão errados. Depois que os diversos subacordos forem fechados, como o que foi assinado no Cairo na semana passada, a OLP não vai ser mais útil. Arafat irá – se algum dia for – à cidade de Jericó e se afundará numa situação em que será necessário restaurar a lei e a ordem com o amparo, a tutela e até mesmo a supervisão dos israelenses, que continuarão a controlar as fronteiras, embora haja lá um barracão da alfândega palestina. Se você der uma olhada no acordo, como eu mesmo fiz, verá que ele é muito paternalista e que os símbolos de autoridade mencionados por Shaath estão incluídos, mas não têm sentido nenhum. O controle, o poder e a determinação final ainda estão nas mãos dos israelenses.

Reconheceram isso na primeira página do New York Times *alguns dias atrás. Deixaram bem claro que Israel era o "parceiro sênior" nas conversações.*
Exatamente, embora sempre citem Saath dizendo que, do início da declaração dos princípios em Oslo até agora, tem existido uma "paridade completa entre israelenses e palestinos". Receio que isso seja um produto da sua imaginação.

É a paridade, digamos, de um elefante e uma formiga.
Correto.

O estão dizendo os seus contatos na Cisjordânia e em Gaza?
É uma opinião bem generalizada. Falo muito com eles. Faço e recebo visitas. Ainda não encontrei ninguém, entre as mais diversas classes sociais e ideológicas, que esteja satisfeito com o *status quo*. Acho que o principal medo não é apenas que Israel tenha obtido um acordo fantástico, já que isso ficou bem evidente para qualquer um que tenha cérebro; o medo é que, com o surgimento dessa autoridade limitada da OLP, muitas pessoas vindas do exterior, que nunca passaram uma temporada na cadeia, que têm vivido com luxo na Europa ou na Tunísia, começarão a governar as pessoas que têm lutado pela libertação e pela independência nos últimos 27, 28 anos. Essa é a impressão geral que tenho das pessoas com quem converso.

A Rede de Justiça do Oriente Médio tem um boletim informativo chamado Breaking the Siege *[Quebrando o cerco]. Ele fala, em sua última edição, dos palestinos nos territórios ocupados como "uma sociedade desmoralizada. A apatia e o desespero estão tomando grandes setores dessa comunidade". Fala também, sinistramente, de uma "crescente violência armada que ameaça fragmentar a sociedade civil".*

Essa é a novidade do momento. Em 17 de fevereiro, no *New York Times*, Arafat reclamou de novo disso, dizendo que os israelenses estão deixando muitas armas chegarem a facções na Cisjordânia e em Gaza, que agora estão gerando o caos. A verdade é que eles também estão dando armas para o seu povo. Mais uma vez, são relatos generalizados. Não estou confiando na mídia ocidental ou na mídia israelense, mas nas pessoas que estão lá e me dizem que as gangues agora vagam pelos territórios em nome do Fatah, o maior desses grupos palestinos, diretamente sob o controle de Arafat. Destroem casas, punem as pessoas, confiscam terras, organizam saques, tudo em benefício de uma suposta autoridade que está por vir.

Obviamente, a maior pergunta em meio a isso tudo é se um dia haverá eleição, e qual seria o significado de uma eleição quando as ruas são controladas pelas gangues. O Hamas, o movimento de resistência islâmico, está ativo, é claro. Seu papel é um tanto obscuro; ou seja, ele está em parte resistindo à ocupação, em parte se opondo ao acordo de paz, mas também parece estar se posicionando para compartilhar a autoridade. O Hamas tem o respaldo de um importante segmento da população. Pode levar as pessoas às ruas. Esse é, assim, o segundo fator importante.

O terceiro fator consiste nos membros insatisfeitos da OLP que se viraram contra a liderança em Túnis, os chamados falcões do Fatah, que estão envolvidos em lutas contra seus antigos companheiros.

O quarto elemento é composto pelas diversas unidades secretas israelenses. Pela primeira vez, que eu saiba, foi anunciado na imprensa israelense que o orçamento anual de Israel agora possui uma cláusula específica para esses grupos secretos que têm colaboradores, que usam pessoas disfarçadas para criar uma situação de confusão e terror. Assim, se Arafat e seu pessoal chegarem a Jericó, na verdade herdarão uma terrível bagunça. Os israelenses estão muito contentes em passar o problema adiante, embora digam que se alguma coisa afetar sua segurança eles voltarão e farão o que for necessário.

Creio que em um dos nossos primeiros encontros você disse que, ao contar a história palestina, pelo menos para o público norte-americano, você sempre começa do princípio. Isso ainda é verdade?

Acho que sim, pois agora tenho uma convicção muito forte, depois do acordo de Oslo, de que a discrepância entre aquele maldito pedaço de papel e a enorme história de expropriação, sofrimento e perda que constituem a verdadeira história palestina é tão grande, mas tão grande, que deve ser contada. Ela tem de ser narrada. Não pode simplesmente desaparecer. Escrevi uma coluna em árabe algumas semanas atrás em que disse: quem é responsável pelo passado? A OLP certamente não é mais. Seu pessoal nas Nações Unidas, em colaboração com certos israelenses, está revisando algumas das resoluções antigas da ONU. Agora há uma total disposição por parte dos representantes e defensores da OLP, em locais como a Europa e os Estados Unidos, de colaborar com grupos pró-israelenses e pró-sionistas com o pretexto de "esquecer o passado e aprender a viver juntos". No entanto, doze ou treze mil prisioneiros palestinos ainda estão mofando nas prisões israelenses. Existem literalmente milhões de refugiados palestinos que não receberam nenhuma reparação e cujo *status* ainda é indeterminado. Ainda há refugiados que vivem em diversos outros países sem nada.

Em terceiro lugar, para o povo que sofreu com a devastação causada pela ocupação nos últimos 27, 28 anos, não foi dita sequer uma palavra sobre as reparações. A verdade é que a sua economia foi destruída; suas casas, explodidas; suas terras, tomadas.

E agora, de acordo com liderança atual da OLP, eles vão apagar a lousa porque uma nova história está prestes a começar. Considero isso totalmente inaceitável. No passado, sentíamos pelo menos que a organização que nos representava, a OLP, também era parte dessa história e fazia o seu melhor para mantê-la viva, para que pudesse alcançar uma certa realização com a autodeterminação e a independência, ainda que mínimas. Porém agora trocou de lado e fala sobre a obliteração do passado. A ideia de uma memória coletiva está sendo recusada até pelos próprios palestinos. Isso é algo que considero inaceitável. Sempre me pego pensando em todas as pessoas que eu conhecia, não só da minha família como também amigos, conhecidos e companheiros, que sofreram e morreram por uma causa que está, até certo ponto, sendo engavetada.

Como símbolo perfeito disso, basta contrastar o discurso de Arafat no dia 13 de setembro com o de Rabin. Conversei com Mahmoud Darwish sobre isso. Dissemos que a pessoa que fez o discurso palestino foi Rabin. Arafat fez um discurso de empresário e no fim agradeceu a todos, seja lá pelo quê. A obscenidade de obliterar a nossa história recitando alguns lugares-comuns do modo que ele fez – principalmente considerando que no passado o discurso palestino era escrito por pessoas como Darwish e não pelos seus comparsas empresários – faz parte de uma traição da história que torna ainda mais imprescindível que ela seja recontada.

Acho que muitas pessoas, com certeza no mundo árabe e provavelmente na Europa Ocidental e nos Estados Unidos, estão cansadas dos palestinos. Dizem que finalmente conseguimos o que queríamos, que conseguimos algo parecido com um Estado. Aquela cerimônia, assistida por telespectadores do mundo inteiro, foi uma jogada brilhante. Agora podem dizer: vocês finalmente conseguiram alguma coisa, então comecem a construir o seu Estado e parem de reclamar.

Você fala muito em público. Ontem você esteve em Columbus, Ohio, e está indo para a Califórnia semana que vem. Uma das partes mais interessantes das suas apresentações é a de perguntas e respostas. Você discute e se envolve com o público. O que as pessoas andam dizendo quando pegam o microfone?

Acho que agora as pessoas estão perguntando sobre os pormenores. De modo geral, a sensação de euforia com o espetáculo de setembro passado, que não pode ser subestimada, dissipou-se. As pessoas hoje se perturbam com uma observação ocasional, uma cena casual na mídia com gente morta ou um oficial israelense dizendo que nenhuma data é sagrada. Se um palestino dissesse isso, depois de assinar um acordo internacional solene ratificado na Casa Branca, haveria uma comoção sem tamanho. Mas Peres o faz regularmente. Ao mesmo tempo que disse que queria que os palestinos tivessem dignidade, também disse que nenhuma data era sagrada. Assim, um negócio de mínimas proporções, como obter cerca de 50 quilômetros quadrados em volta de Jericó, levou cinco meses, e mais cinco podem se passar antes que algo aconteça. Tudo isso parece um mistério para as pessoas que acreditavam que o acordo de fato indicava um novo estágio, uma nova fase nos relacionamentos. E elas querem saber o porquê. Assim, no nível mais simples, as pessoas querem entender o porquê.

É interessante. Não recebo muitos comentários de israelenses ou de defensores de Israel; mas quando recebo, são mais dos defensores do que dos próprios israelenses. Antigamente, eu costumava receber perguntas prontas de diversos grupos israelenses que liam declarações na minha frente. "Em tal e tal lugar no Golfo, Arafat disse que a Palestina era indivisível e que deviam tomá-la toda de volta. O que você acha disso?" Esse tipo de pergunta, com o objetivo de intimidar, não é mais feito. Mas as perguntas que mais recebo são sobre informações. As pessoas querem saber. Elas também se mostram ansiosas, o que na minha opinião é bom sinal, em relacionar essas coisas a outros lugares do mundo onde ações destrutivas semelhantes estão ocorrendo, como na África do Sul. Acho que consciência está crescendo. Mas também sinto que existe uma indiferença geral à política dentro dos campi.

Você mencionou a intimidação pela qual passou nas palestras públicas. Mais sérias ainda foram as ameaças de morte que você sofreu, além de manifestações e de todo tipo de ofensa. Isso nos leva a outra pergunta: você poderia ter tido uma vida acadêmica muito boa e confortável. Poderia ter escrito mais. Poderia ter se dedicado mais à música e a muitas outras coisas. Mas você decidiu, em algum momento, sair da sala de aula e do auditório para entrar em outro campo, o da política ativa. Por que fez isso?

Nunca senti que tive escolha. Em algum momento após 1967, senti que estava sendo intimado pela política. No nível mais direto, pelos amigos que me pediam para escrever alguma coisa, para assinar outra, para aparecer em uma cerimônia e fazer um discurso. Sentia que não podia dizer não. Depois, pelas impressionantes dimensões que me foram reveladas sobre o significado daquilo tudo. Não era só uma questão da minha procedência étnica. Não pensei que fosse apenas porque eu era palestino; ao mesmo tempo que me envolvi na luta palestina, com palestinos e outras pessoas, com grupos de solidariedade afro-americanos e latino-americanos neste país, com grupos africanos e assim por diante, percebi que a luta palestina tinha um papel central porque era tudo uma questão de justiça. Tratava-se de poder falar a verdade sobre enormes adversidades e enfrentar um oponente muito problemático – que era, afinal, a vítima reconhecida de um dos mais terríveis extermínios em massa da história da humanidade, mas em minha opinião havia se tornado o opressor de outro povo. Ser capaz de falar dos dois, expressando as duas experiências da forma que ambas merecem, era um grande desafio intelectual e, acredito, moral. Uma coisa leva à outra. Dada a amplificação proporcionada pela mídia norte-americana, que pode ser boa ou ruim dependendo do seu ponto de vista, o fato era que eu me sentia cada vez mais como se não tivesse escolha. Depois de um tempo, comecei a gostar disso. Achava importante resistir, contar a história e me esforçar para sempre me manter dentro dos padrões de honestidade e universalismo que eu considerava importantes, que deviam ser preservados. Pensava que isso fazia parte da minha vocação intelectual.

Em meados da década de 1980, eu não conseguia fazer a distinção entre professor e intelectual. Achava que um acarretava o outro. Para mim, ser professor não significava, da forma que minha mãe sempre tentava me convencer, ser um técnico enrustido que se concentrava em um só assunto e o fazia bem; ser professor acarretava uma noção de vocação intelectual, que vi exemplificada nas obras e na vida de outras pessoas, como Chomsky e meu amigo Eqbal Ahmad. Então não nos sentíamos sozinhos. E havia inúmeros outros palestinos que sofreram e estavam numa situação bem pior do que a minha. Sou uma cria do privilégio, comparativamente. Assim, eu sentia que tinha a responsabilidade de fazê-lo. Lá estava eu. Eu não tinha tempo naquela época para pensar no assunto de uma forma tão elaborada quanto essa – mas, de qualquer forma, aí está a minha resposta.

Tenho interesse nessa cultura de resistência e na criação dela, mas não somente nela. Ela sugere um componente reativo, mas também acho importante promover alternativas positivas.

Não acho que seja assim após os primeiros estágios de surpresa e consternação, quando os povos nativos se sentiam sitiados por invasores, estrangeiros que queriam tomar suas terras, se estabelecer nelas e fazer com elas o que bem entendessem. Depois desses estágios iniciais, creio que a resistência sempre significou se erguer, lutar, mas também propor uma alternativa para a situação presente. Sempre me pareceu algo implícito à luta palestina; por exemplo, desde o início do movimento dissemos que não estávamos interessados em mais um nacionalismo separatista. Foi nesse momento que me juntei ao movimento. Não tínhamos interesse em criar outro nacionalismo, resistindo ao deles para ter o nosso, para sermos uma imagem espelhada deles. Da mesma forma que eles tinham o sionismo, teríamos também o nosso sionismo, com a diferença que ele seria palestino – mas não era isso que queríamos. Em vez disso, falávamos de uma alternativa em que a discriminação baseada na raça, na religião e na origem nacional seria transcendida por algo que chamamos de libertação. Isso se reflete no nome da Organização para a Libertação da Palestina e me parece ser a essência da resistência. Não significa colocar o pé na porta com teimosia, e sim abrir a janela. Creio que uma das coisas mais tristes que ocorreram na história dos movimentos de libertação do século XX foi a traição da libertação pelo bem de objetivos de curto prazo, como a independência e o estabelecimento de um Estado. No caso dos palestinos, não conseguimos nem isso e já optamos pelo outro caminho. Acho que isso se explica em grande parte pela falta de cultura geral. Dependíamos demais de um monte de frases de efeito. Tínhamos um grande envolvimento na política do mundo árabe, que passa desde os anos 1950 por uma espiral descendente de degradação, corrupção, oligarquia, dependência e tirania. Fomos afetados por tudo isso de forma negativa, embora no início fôssemos as pessoas que falavam com mais eloquência sobre a liberdade, a democracia e o direito de expressão, a ausência de censura. Mas no fim nosso ambiente nos derrubou.

O mais importante era a sensação de ter de mudar de objetivo. Por exemplo, em relação ao Congresso Nacional Africano e a Mandela, sei que está na moda criticá-los, mas nunca existiu nenhuma dúvida na cabeça das pessoas que lutaram contra o *apartheid* de que o objetivo, a alternativa ao *apartheid*, era uma pessoa, um voto. No caso dos palestinos, essa também era a nossa ideia desde o princípio, mas aí mudamos de opinião. Virou um Estado democrático laico. Depois se tornou um Estado em qualquer parte da palestina que pudesse ser liberada. Aí virou a autonomia e, mais à frente, a autonomia limitada. Depois disso, acabou se tornando a colaboração com os israelenses. Assim, se você não conseguir manter uma cultura de resistência e de alternativas, estará sujeito a uma espécie de bazar, onde as alternativas mudam quase toda estação. Há alguns anos Arafat falava como se fosse o comandante de uma brigada vermelha no princípio da Revolução Russa, mas agora ele fala como se fosse funcionário do Departamento de Estado dos Estados Unidos. Isso é o mais desanimador. Eu diria então que o fundamental hoje, no mundo árabe e mais especificamente no mundo palestino, seria reexaminar a ideia de resistência e a cultura de resistência. Estamos agora em um novo estágio. O que os israelenses querem é normalizar as relações entre Israel e o Estados árabes, inclusive os palestinos. Claro, eu apoio a normalização, mas acho que a verdadeira normalização só pode existir entre semelhantes. É preciso saber distinguir entre, de um lado, a tutela e a dependência e, de outro, a independência e a coexistência em igualdade com seu interlocutor. É por isso que considero essa a mais importante tarefa política da próxima década.

Você levou minha pergunta sobre a cultura de resistência direto para a Palestina e para o Oriente Médio. Eu estava interessado na sua opinião sobre os Estados Unidos.

É difícil falar sobre isso agora. A esquerda, à qual pertenço, está em estado de desordem. Temos o fenômeno do pós-marxismo, do pós-colonialismo, do pós-modernismo; ou seja, existe um monte de "pós" por aí. Intelectualmente, considero a maioria deles incoerente. Eles têm muito pouco a ver com as lutas sociais e as complexas questões políticas e, acima de tudo, econômicas que encaramos hoje. O panorama está se transformando agora que a esquerda norte-americana parece ter tomado o caminho fácil e se tornado predominantemente acadêmica, separada do mundo da intervenção e da esfera pública, com poucas exceções. Ainda existem alguns intelectuais públicos, mais uma vez como Chomsky, e outros que ainda persistem em tentar contar a verdade. Mas a esfera pública também está cheia de intelectuais que talvez um dia tenham sido símbolos da resistência e dos princípios, mas agora se tornaram figuras da mídia e estrelas do tablado. Como resultado, a mensagem ficou quase muda. Assim, acho que pelo menos do ponto de vista do intelectual norte-americano, a ausência de um discurso de resistência, de um discurso de princípios comuns, de objetivos comuns – sociais, políticos, econômicos e, é claro, também culturais – é muito desanimadora. Em muitos movimentos que resistiam ativamente durante os anos 1960, nas comunidades étnicas, no movimento feminista, existe também uma espécie de paroquialismo que me parece prevalente hoje. Espera-se que ele desapareça e, talvez, um conjunto geral de temas e preocupações apareça. Mas não parece que isso vai acontecer num futuro próximo. Neste momento, tudo que se pode esperar é que seja possível instigar debates sobre essas questões; é isso que vários de nós estamos tentando fazer.

Você está falando da cultura da identidade?

Sim, estou falando da cultura da identidade e do que Robert Hughes chama de "cultura da reclamação", a cultura, acima de tudo, dos grupos de interesse. Eu a chamaria de cultura do profissionalismo. Ela está sugando completamente a energia de movimentos ativos ao longo os anos 1960, durante a Guerra do Vietnã e assim por diante. Suas energias foram sugadas e levadas para fóruns menores. Os Estados Unidos continuam a ser, por exemplo, uma grande potência em escala mundial. Os efeitos desse poder em muitas comunidades ao redor do mundo precisam ser avaliados e criticados de forma coerente. Existem pouquíssimos órgãos hoje, pouquíssimas plataformas onde se possa falar. A revista *The Nation* é uma delas. *Z* é outra. *The Progressive* é uma terceira. Mas elas representam apenas um punhado em meio a um panorama intelectual homogeneizador.

A questão da autenticidade das vozes e de quem tem o direito de falar, por exemplo, parece ser central nesse debate específico.

Acho que se tornou quase central demais. Acredita-se que precisamos ter um representante da comunidade X e da comunidade Y. Creio que isso pode ser útil em certos momentos. Certamente foi útil para mim. Em determinado momento, senti a necessidade de que um palestino autêntico ou um árabe autêntico dissesse as coisas para que, então, nós pudéssemos dizê-las. Mas acho que temos de ir sempre além disso; não simplesmente aceitar esse papel, mas contestar o formato a toda hora, contestar o cenário, o contexto, para expandi-los para as questões que espreitam por trás deles. Não se trata apenas de representação e voz autêntica, como ter um tenor, um soprano, um alto e um barítono em um coral; essa é uma questão social muito maior que está relacionada à mudança social. É isso que está faltando no presente momento.

Não vou fazer a pergunta final ritualística, que sempre é: "Em quais projetos você está trabalhando?" Mas muitas pessoas estão preocupadas com a sua saúde e me perguntam sobre você. O que você diria a elas?

É uma espera indeterminada. Tenho uma doença crônica, a leucemia. Há momentos ruins. Sofro efeitos colaterais, que podem ser tratados. Passei por isso no outono passado e fui tratado com sucesso; agora estou bem. Tento não pensar muito no futuro. É preciso apenas seguir em frente. Mas em geral me sinto muito melhor comigo mesmo, com minha situação e com minha saúde.

Essas coisas são sinônimas. Acredito que a grande batalha é tentar não fazer da doença o centro da sua vida, colocá-la de lado e seguir em frente. Tenho muito a dizer e a escrever, e quero continuar a fazer isso.

Índice remissivo

Sobre os autores

David Barsamian é o premiado fundador e diretor do programa semanal "Alternative Radio" (www.alternativeradio.org) em Boulder, Colorado. Autor de diversos livros com Noam Chomsky, Howard Zinn, Eqbal Ahmad, Tariq Ali e Arundhati Roy, sua obra mais recente é *Targeting Iran* [Visando o Irã].

Edward W. Said foi professor de Inglês e Literatura comparada na Universidade Columbia. Nascido em Jerusalém, na Palestina, em 1935, frequentou escolas nessa cidade e no Cairo. Cursou a graduação em Princeton e a pós-graduação em Harvard. Prolífico escritor, publicou, entre outras obras, *A questão da Palestina* (Editora Unesp, 2012).

SOBRE O LIVRO

Formato: 14 x 21 cm
Mancha: 27,5 x 49 paicas
Tipologia: Iowan Old Style 10/14
Papel: Pólen Soft 80 g/m² (miolo)
Cartão Supremo 250 g/m² (capa)
1ª edição: 2013

EQUIPE DE REALIZAÇÃO

Capa
Estúdio Bogari

Edição de Texto
Soraia Bini Cury (Copidesque)
Camilla Bazzoni de Medeiros (Revisão)

Editoração Eletrônica
Sergio Gzeschnik (Diagramação)

Assistência Editorial
Alberto Bononi

GRÁFICA PAYM
Tel. (11) 4392-3344 · paym@terra.com.br